VIVALDO NETO
PREFÁCIO DE EDUARDO SHINYASHIKI

O PODER DO EGOÍSMO CONSCIENTE

Diretora
Rosely Boschini

Diretora Editorial
Joyce Moysés

Editora Pleno
Rafaella Carrilho

Assistente Editorial
Mariá Moritz Tomazoni

Produção Gráfica
Leandro Kulaif

Preparação
Daniel Rodrigues Aurélio

Capa
Plinio Ricca

Projeto Gráfico
Marcia Matos
Vivian Oliveira

Diagramação
Vivian Oliveira

Revisão
Júlia Rodrigues
Giulia Molina Frost

Impressão
Assahi

Caro(a) leitor(a),

Queremos saber sua opinião sobre
nossos livros.
Após a leitura, siga-nos no
linkedin.com/company/editora-gente,
no TikTok **@editoragente**
e no Instagram **@editoragente**,
e visite-nos no site
www.editoragente.com.br.
Cadastre-se e contribua com sugestões,
críticas ou elogios.

Copyright © 2025 by Vivaldo Neto
Todos os direitos desta edição
são reservados à Editora Gente.
R. Dep. Lacerda Franco, 300 – Pinheiros
São Paulo, SP – CEP 05418-000
Telefone: (11) 3670-2500
Site: www.editoragente.com.br
E-mail: gente@editoragente.com.br

**Este livro foi impresso pela gráfica Assahi em
papel pólen bold 70 g/m² em julho de 2025.**

Dados Internacionais de Catalogação na Publicação (CIP)
Angélica Ilacqua CRB-8/7057

Neto, Vivaldo
    O poder do egoísmo consciente : como se colocar em primeiro lugar sem
culpa e mudar tudo ao seu redor / Vivaldo Neto. - São Paulo : Autoridade,
2025.
    176 p.

Bibliografia
ISBN 978-65-6107-054-6

1. Desenvolvimento pessoal I. Título

25-1286   CDD 158.1

Índices para catálogo sistemático:
1. Desenvolvimento pessoal

Nota da Publisher

Ouvimos desde cedo que pensar em si mesmo é egoísmo e que colocar o outro em primeiro lugar nos torna pessoas melhores. Mas, quando recebi a proposta deste livro, sabia que sua mensagem precisava ser compartilhada: talvez o que chamamos de egoísmo seja, na verdade, o primeiro ato de amor – por nós mesmos e pelos outros.

Para realizar qualquer mudança significativa na sua vida ou na dos outros, é preciso primeiro resgatar o seu valor pessoal. É isso que Vivaldo Neto propõe em *O poder do egoísmo consciente*. Com autoridade e sensibilidade, frutos de uma jornada que combina seu trabalho como terapeuta, palestrante e mentor de profissionais da saúde emocional, ele faz algo que busco em cada autor com quem entro em contato: transforma dores em direção e experiências em pontes para a mudança real. Este livro é especial não apenas por seu conteúdo, mas também pela forma como Neto o entrega, despertando no leitor consciência e autonomia.

Precisamos começar a olhar para dentro com honestidade e parar de terceirizar a culpa para, assim, criar espaço para verdadeiramente cuidar dos outros. Se você está pronto para se priorizar sem medo, embarque nesta leitura e aceite o convite mais importante que já recebeu: o de cuidar de si por inteiro.

ROSELY BOSCHINI
CEO e Publisher da Editora Gente

Dedico este livro à minha esposa, Maria Eugênia;
à minha filha, Sara; a meus pais, Vivaldo e Bernadete;
e a meus irmãos, Luiz Henrique e Ruy.
E a você, leitor, que está comprometido a mudar o
mundo todo começando por você mesmo.

Agradecimentos

A gratidão transforma. Este livro é a materialização desse sentimento por todos que fizeram parte desta jornada.

A Deus, pela luz e sabedoria. À minha esposa, Maria Eugênia, e à minha filha, Sara, pelo amor que alimenta meu propósito. Aos meus pais, irmãos e toda minha família pelo suporte eterno. À editora e seus colaboradores, por acreditarem em mim e transformarem minhas ideias em realidade.

Aos meus clientes, alunos e leitores: vocês são a razão de este livro existir. Aos professores, mentores e amigos, que me desafiaram e apoiaram. Aos meus medos, que me ensinaram coragem, e ao meu eu do passado, que se comprometeu com este futuro e fez este livro virar realidade.

A cada pessoa que cruzou meu caminho e deixou um aprendizado, minha gratidão eterna. Este livro é nosso.

Sumário

Prefácio ....

Introdução..

    01. A prisão invisível ....

    02. Se não você, quem? Se não agora, quando? ....

    03. Nada é por acaso ....

    04. Não são os fatos, mas os significados ....

    05. Corpo, mente e espírito ....

PARTE 1

O corpo: nosso canal de comunicação com o mundo ..

    06. Sono..

    07. Alimentação..

    08. Atividade física ....

PARTE 2

A mente: onde começa a nossa identidade ....

    09. Razão ....

    10. Emoção ....

    11. Ação..

PARTE 3

O espírito: a cola que une corpo e mente...................

    12. Amor ....

    13. Alegria...

    14. Gratidão..

    PASSO EXTRA – Hipnose ....

PARTE 4

Uno é igual ao todo ....

    15. Motivação dá trabalho...

    16. O efeito borboleta da sua transformação ....

09

13

18

24

30

40

50

65

68

76

82

89

96

102

112

119

124

132

138

144

153

160

170

Prefácio

Sou Eduardo Shinyashiki e escrevo este prefácio com o coração cheio de gratidão, emoção e honra, porque o livro que você tem em mãos não é apenas um conjunto de ideias, mas uma travessia. É uma virada de chave, um reencontro com tudo o que é essencial – e que, muitas vezes, a vida vai nos ensinando a deixar de lado.

Este livro nasceu da coragem de um homem que ousou quebrar os próprios muros, enfrentar suas dores e ressignificar sua história, e, a partir disso, escolheu se colocar a serviço de quem está buscando o mesmo: voltar para si. Falo de Vivaldo Neto, ou, como gosto de chamá-lo, com afeto e admiração, Neto.

Conheci o Neto em um desses encontros que a vida prepara quando a gente está presente de verdade, e o que mais me tocou desde o início foi a sua força mansa, sua escuta limpa e a disposição rara de olhar nos olhos e sustentar silêncios.

Neto tem uma alma comprometida. Ele não está aqui para oferecer atalhos, mas para andar junto. Para guiar com clareza. Para acolher com verdade.

Ao longo do tempo, tive o privilégio de ver sua jornada de perto. De ver um homem que escolheu crescer no meio da dor, em vez de endurecer. Que transformou experiências em ferramentas e encontrou em sua travessia a bússola para ajudar outras pessoas a se reencontrarem com a própria essência.

Este livro é isto: um mapa de volta para casa. Ler *O poder do egoísmo consciente* foi, para mim, um mergulho profundo. Um lembrete poderoso de que, muitas vezes, não é o mundo que nos prende, mas o quanto nos esquecemos de nós mesmos. O quanto nos deixamos por último, esperando que algo ou alguém venha nos resgatar. E o que o Neto nos entrega aqui é o poder de parar de esperar, um convite para voltar para si com coragem e amor.

O título pode soar provocador, e é mesmo. Mas o egoísmo consciente que Neto propõe é o oposto do egoísmo que afasta: é aquele que cura, que limpa o olhar, que permite dizer "sim" para si sem culpa. Que reconhece que só podemos oferecer o melhor de nós ao mundo quando estamos inteiros. Porque cuidar de si não é vaidade, é lucidez. É compromisso com a vida. E se colocar em primeiro lugar não é descaso com o outro, mas o único jeito de construir relações verdadeiras, saudáveis e potentes.

Cada capítulo deste livro é um espelho em que você encontrará perguntas que talvez nunca tenha feito a si mesmo e respostas que talvez sempre tenha tido, mas não tinha ainda escutado com clareza. Um espelho que mostra partes de você que estavam adormecidas. Nesse processo, talvez você chore, talvez sorria. Mas, acima de tudo, você vai se enxergar.

Neto estrutura essa jornada com um cuidado que é próprio dele. Corpo, mente e espírito não aparecem aqui como conceitos abstratos, mas como portais, caminhos, partes do todo que você é – e que talvez tenha se esqueci-do de integrar. Ele fala do corpo com a sabedoria de quem sabe que cansaço acumulado vira silêncio emocional, fala da mente com a lucidez de quem já escutou centenas de histórias que se repetem porque ninguém aprendeu a pensar com compaixão e fala do espírito com a leveza de quem descobriu que alegria, amor e gratidão não são sentimentos que vêm de fora, mas estados internos que florescem quando nos autorizamos a viver com coerência.

Enquanto lia o livro, fui lembrando de mim. Me reconheci nas dores que ele narra, nas resistências, nas travas. Me emocionei com a coragem dos pacientes que ele menciona. E com a sua coragem de ter morrido para uma versão antiga de si e renascido com propósito, entrega e verdade.

Este livro também mostra como fazer perguntas melhores. Ele devolve a você, leitor, a responsabilidade – e a liberdade –, e ainda dá ferramentas para colocar tudo isso em prática. O Quiz da Vida, por exemplo, é um desses presentes: um diagnóstico simples e profundo que mostra com clareza onde está o desalinho e por onde começar o realinhamento.

Por isso eu convido você a não apenas ler este livro, mas a vivê-lo. A entrar nele como quem decide mergulhar de verdade, e permitir ser levado para dentro de si. Deixe que ele mova e provoque você, lembrando-o da sua real identidade.

Porque, no fim das contas, a maior revolução é a que começa de dentro. A maior cura é a que começa com a escolha de se olhar, e a maior contribuição que você pode oferecer ao mundo é viver sua verdade – com coragem, com presença, com inteireza.

Esse é o presente que Neto entrega com este livro. E eu, com toda minha alma, convido você a recebê-lo.

Com emoção verdadeira,

Eduardo Shinyashiki
Mentor de vidas em transição, escritor, palestrante e
eterno aprendiz do poder de ser quem se é

Introdução

Certa vez, em uma sessão individual, uma cliente me confidenciou que estava presa em um relacionamento abusivo, e acreditava que suportava aquilo pelo bem do filho. O que ela não esperava ouvir foi o que eu disse a seguir: "Seja egoísta com sua vida!".

Ela me olhou espantada, quase incrédula. "Egoísta? O que você quer dizer com isso?"

Expliquei que a maior prova de amor que ela poderia dar ao filho era amar a si mesma primeiro. Cuidar de si, valorizar-se, não tolerar abusos – isso é amor-próprio. Ao se colocar em primeiro lugar, ela mudaria não apenas a própria vida, mas também daria ao filho o exemplo mais poderoso de todos: o de uma pessoa que conhece seu valor e não aceita menos do que merece. Essa é a verdadeira demonstração de amor.

Esse momento foi de revelação, tanto para ela quanto para mim. Compreendi que, ao nos colocarmos em primeiro lugar, longe de sermos egoístas, estamos plantando as sementes da verdadeira transformação. Foi esse princípio que me guiou a construir uma vida dedicada ao desenvolvimento humano e à transformação pessoal – e que me inspirou a escrever este livro. O que você encontrará aqui é o resultado de anos de estudo, prática clínica e, acima de tudo, vivência.

Muito prazer, eu sou Vivaldo Neto, esposo, pai, empresário, terapeuta e mentor de terapeutas. Escritor e palestrante, criador do Hypnomusic, do Hipnosusto e de diversas ferramentas de desenvolvimento pessoal; e minha jornada começou de maneira semelhante à da minha cliente. Por muito tempo, estive preso em padrões limitantes: eu estava viciado em perder – em perder para mim mesmo. Não conseguia cumprir as promessas que fazia, como seguir uma dieta ou ir à academia, e isso refletia no modo limitado como eu me enxergava, além de atrapalhar meus resultados. Eu acreditava que, para ser valioso no mundo, precisava colocar as necessidades dos outros acima das minhas, mas essa mentalidade estava me destruindo, física e emocionalmente. Foi somente ao descobrir o poder do autocuidado e da transformação interna que comecei a mudar meu mundo. E, como consequência, o mundo ao meu redor também começou a se transformar, e pude, assim, ajudar muito mais pessoas do que antes.

Nas dinâmicas de hipnoterapia e regressão de memórias, quando se dá o comando para sua mente de "volte para a primeira vez que você sentiu isso", algumas pessoas, de maneira espontânea, relatam se conectarem com uma vida passada. E muitas vezes os clientes me perguntam: "Neto, você acredita nessa coisa de vidas passadas?". Minha resposta é: sim, porque eu mesmo já tive uma "vida passada". Em 2018, eu atuava como administrador público, trabalhava no governo do estado. Hoje, sou empresário da saúde mental, mentor de terapeutas, palestrante, escritor e, é claro, terapeuta. Essa foi minha transição: era uma outra vida. Foi uma morte simbólica e um renascimento. Por isso, eu quero estimular você a viver uma "vida passada consciente": morrer para a versão de você que não tolera mais, que não representa sua verdadeira essência, e renascer para viver plenamente sua identidade real.

Para ajudá-lo, vou apresentar neste livro o Quiz da Vida, um sistema que abrange *corpo*, *mente* e *espírito*. Cada uma dessas camadas aborda aspectos específicos da sua vida, ajudando-o a identificar áreas que precisam de atenção e oferecendo ferramentas para uma transformação completa e duradoura. Não basta saber que o problema existe, é preciso agir para resolvê-lo!

Minha mensagem é simples e direta: para mudar o mundo, você precisa começar por si mesmo. Este livro é um convite para se juntar a um movimento de pessoas que compreendem que a verdadeira mudança começa de dentro para fora. Ao cuidar de você, ao se amar e se valorizar, ao ser feliz com quem você é, você criará uma onda de transformação que se espalhará além da sua vida, impactando todos ao seu redor.

Como fazer isso? Você descobrirá ao longo deste livro, onde será guiado por um caminho de autodescoberta e transformação. Quando chegarmos à última página, você não será mais o mesmo.

E o mundo? Bem, o mundo já terá começado a mudar, porque você mudou.

Então, eu o convido: seja "egoísta" com sua vida. Só assim você estará capacitado para ajudar os outros. Faça uma promessa a si mesmo agora, comprometendo-se a realizar o que foi proposto, de que você ficará "viciado" em ganhar. Prometa a si mesmo que vai ler este livro até o final, custe o que custar. Se preferir, fale em voz alta, ou pense bem forte mentalmente: "Eu me comprometo a ler este livro até o final, custe o que custar". Pronto. Tenho certeza de que, ao chegar ao fim, você terá um símbolo de vitória pessoal e uma prova de que cumpre aquilo que promete a si mesmo.

Quando falei para minha cliente sobre ser egoísta, não me referia à definição pejorativa de ignorar as necessidades dos outros. Estou falando de um amor-próprio transformador, um olhar para si que nos leva a reconhecer que só podemos verdadeiramente ajudar os outros quando estamos bem. Assim como nas instruções de segurança de um avião, que avisam que devemos colocar nossa máscara de oxigênio antes de ajudar quem está ao nosso lado, devemos cuidar de nossa saúde física, mental, emocional e espiritual para sermos capazes de ajudar os outros. É como garantir que você não está com o pé sujo de lama antes de entrar na casa de alguém.

Este livro nasceu das lágrimas e dos gritos liberados em meu consultório, mas, acima de tudo, também dos sorrisos que floresceram quando pessoas redescobriram seu valor. Não se trata de egoísmo no sentido mesquinho, mas de colocar sua máscara de oxigênio primeiro, para que então você possa ajudar a transformar o mundo. Parece provocativo, eu sei, mas você verá que tudo está relacionado ao amor.

Este é um guia para encontrar equilíbrio e fé em você mesmo. Um convite para se reconectar com suas reais necessidades e desejos, para que possa viver uma vida plena e autêntica. Afinal, como você vai amar outra pessoa sem saber quem ela é? Da mesma forma, como você pode se amar se não sabe quem é? A maior contribuição que podemos dar ao mundo é sermos a nossa melhor versão, vivendo nossa essência e identidade reais, e até o fim deste livro você no mínimo terá clareza de quem é neste mundo e qual é a sua identidade.

A mudança pessoal reverbera em tudo, desde a dinâmica familiar até a cultura de uma empresa. Ao transformar sua vida, você planta as sementes para uma revolução coletiva, onde cada pequena mudança contribui para um mundo mais saudável, equilibrado e amoroso.

Sua mente é o seu mundo. Suas crenças, seus valores e suas emoções moldam sua identidade e, portanto, determinam seus comportamentos e resultados. Sua lente mental muda a realidade de acordo com sua visão de mundo. Além disso, como seres sociais, vivemos em rede, e cada unidade faz parte de um todo, assim como o todo só é todo por ser uma junção das unidades. Então, olhar para si não é egoísmo; é pensar no todo com amor.

Mudar você muda o mundo. Saboreie cada pedaço deste livro e, ao fim, encontraremos uma nova versão sua com um novo mundo diante de si; uma versão com mais amor-próprio, mais compreensão, ciente de que as pessoas ao seu redor também carregam as próprias feridas e limitações, sejam elas conscientes ou não.

> **"Ontem eu era inteligente, então eu queria mudar o mundo. Hoje eu sou sábio, então eu estou mudando a mim mesmo."**
>
> – Rumi[1]

Pense nisto: e se, hoje, cada pessoa decidisse se amar e se cuidar verdadeiramente? Imagine uma sociedade na qual cada um prioriza seu bem-estar e, por isso, está mais disponível emocional, mental e fisicamente para contribuir de maneira significativa com o todo. Pense na onda de compaixão, criatividade e coragem que inundaria o planeta. Isso não é uma promessa vazia; é uma revolução que começa no momento em que você se compromete a completar este livro. Mudar a si mesmo realmente pode transformar o mundo, criando mais união e bem-estar coletivo.

Desejo boas-vindas a você. É uma alegria ser seu anfitrião neste livro. Preparei tudo com muito zelo para que você desfrute da leitura ao máximo, então, sinta-se em casa! Quanto mais você desfrutar deste conteúdo, mais feliz eu ficarei, pois o preparei exatamente para isto: para que seja um canal de transformação positiva; consciência e aproveitamento. Estou aqui ao seu

---

[1] RUMI. *In:* PENSADOR. Disponível em: www.pensador.com/frase/MTEzMjEzNA/. Acesso em: 13 fev. 2025.

lado, em cada palavra, em cada desafio, em cada vitória. Vamos juntos nesta jornada de autodescoberta e impacto global.

A maior aventura da sua vida está prestes a começar, e estou feliz e grato por ser seu guia. Vamos juntos?

"Tente mover o mundo - o primeiro passo será mover a si mesmo."

— Platão[2]

---

[2] BORGES, G. 40 frases filosóficas dos maiores filósofos da história. **eBiografia**, 26 jun. 2018. Disponível em: www.ebiografia.com/melhores_frases_maiores_filosofos_da_historia/. Acesso em: 31 mar. 2025.

01.
A prisão invisível

> **"A melhor maneira de evitar que um prisioneiro escape é garantir que ele nunca saiba que está na prisão."**
>
> – Fiódor Dostoiévski[3]

I magine viver em uma prisão cujas paredes não podem ser vistas, apenas sentidas. Sem grades, sem cadeados, mas, ainda assim, você está preso. Sem saber, está preso em rotinas que drenam sua energia, em visões ignorantes e limitadas que o paralisam e em comportamentos baseados nas expectativas sociais e que não refletem quem você realmente é. Essa prisão mental e emocional é a realidade de milhões de pessoas e, talvez, sem que você perceba, seja a sua também.

O acesso à informação nunca foi tão fácil. Mas a ironia do destino é que a mesma informação que deveria nos libertar muitas vezes nos aprisiona. As redes sociais, por exemplo, que prometiam nos conectar e trazer felicidade, frequentemente causam o efeito oposto: em vez de nos inspirarem, nos afundam em comparações; em vez de promoverem conexões genuínas, nos isolam. O fluxo interminável de vidas "perfeitas" que vemos nas telas cria uma sensação de inadequação constante, uma pressão silenciosa para atender a padrões irreais.

Essa pressão, acumulada dia após dia, tem consequências devastadoras. Um estudo da Royal Society for Public Health, no Reino Unido, revelou que o uso constante de redes sociais está ligado a níveis elevados de depressão e ansiedade, especialmente entre os jovens.[4] Essa realidade nos deixa presos em

---

[3] DOSTOIÉVSKI, F. *In:* PENSADOR. Disponível em: www.pensador.com/frase/MzUw NDU3Ng/. Acesso em: 17 fev. 2025.

[4] ROYAL SOCIETY FOR PUBLIC HEALTH (RSPH); MOVIMENTO DE SAÚDE JOVEM. **#StatusOfMind**: Social Media and Young People's Mental Health and Wellbeing. Londres: RSPH, 2017. Disponível em: www.rsph.org.uk/our-work/campaigns/status-of-mind.html. Acesso em: 17 jan. 2025.

um ciclo vicioso de comparação e autojulgamento em que nunca somos bons o suficiente. E isso, com o tempo, nos destrói por dentro.

No Brasil, a situação é ainda mais preocupante. De acordo com a Organização Mundial da Saúde (OMS), o país lidera o ranking global de transtornos de ansiedade, com cerca de 18,6 milhões de brasileiros afetados. Além disso, cerca de 9,3% da população sofre de depressão.[5] Tais números refletem uma sociedade emocionalmente exausta, vivendo sob a sombra de expectativas que ninguém consegue atingir.

Essa crise de saúde mental é uma pandemia silenciosa, que atravessa classes sociais e gerações. Estamos conectados com o mundo, mas completamente desconectados de nós mesmos. Chegue para uma pessoa e pergunte: "Quem é você?". Poucas saberão responder com clareza; talvez achem que você ficou maluco. Então eu lhe pergunto: quem é você? Já parou para pensar nisso?

Essa desconexão de nós mesmos não afeta apenas a mente; ela se manifesta fisicamente. Quando não nos conhecemos bem, reprimimos sentimentos, e essas emoções reprimidas se juntam ao estresse acumulado e começam a tomar forma por meio de sintomas físicos: dores crônicas, problemas gastrointestinais, insônia, fadiga constante etc. O corpo tenta nos alertar, mas estamos tão ocupados correndo atrás de algo que nem sabemos o que é, que ignoramos os sinais até ser tarde demais.

Uma coisa puxa a outra, e a falta de autocuidado e a anulação pessoal se tornam comuns, podendo culminar em uma crise existencial profunda. É quando a mente começa a gritar, e o corpo, sobrecarregado, colapsa. Muitas pessoas convivem com essa dor emocional esperando que algo externo – um novo emprego, um relacionamento perfeito ou até uma solução mágica, "um milagre, pelo amor de Deus" – resolva seus problemas. Mas essa expectativa apenas perpetua a sensação de impotência e desvalorização.

Não bastasse isso, estamos expostos a um fluxo interminável de informações negativas, injustiças sociais e conflitos globais. Um crime hediondo acontece do outro lado do mundo e ficamos sabendo no mesmo instante por uma notificação do celular. Nosso sistema nervoso, sempre alerta, entra

---

[5] CARVALHO, R. Por que o Brasil tem a população mais ansiosa do mundo. **G1**, 27 fev. 2023. Disponível em: https://g1.globo.com/saude/noticia/2023/02/27/por-que-o-brasil-tem-a-populacao-mais-ansiosa-do-mundo.ghtml. Acesso em: 17 fev. 2025.

em estado de hipervigilância. O sentimento de que estamos sempre à beira de um colapso, sem controle sobre o que acontece ao nosso redor, é um dos principais gatilhos de transtornos emocionais, como a depressão e a ansiedade, e essa desconexão entre mente e corpo afeta também nossos relacionamentos e nossa percepção de qualidade de vida: nos sentimos isolados, mesmo cercados de pessoas.

Para muitas pessoas, essa prisão psicológica se torna tão familiar que elas nem sequer percebem que estão presas. A rotina automática, os pensamentos negativos repetidos como um mantra e a crença de que "não há outra opção" constroem muros invisíveis que limitam o nosso potencial. Falas como "Mas todo mundo é assim" e "Tá todo mundo ansioso mesmo, né?" tentam normalizar os absurdos vividos. A vida no "piloto automático", quando o estresse e a ansiedade passam a ser tão comuns que a verdadeira alegria parece um luxo inalcançável ou uma sorte momentânea, deixa o desânimo tomar conta. Esse é o retrato da vida moderna: uma prisão sem paredes, onde o carcereiro é invisível, mas implacável.

Globalmente, a situação também é alarmante. A OMS estima que mais de 300 milhões de pessoas sofrem de depressão,[6] e cerca de 300 milhões enfrentam algum tipo de ansiedade.[7] Esses transtornos, embora cada vez mais comuns, não são normais. São sintomas de um problema maior: um mundo e uma sociedade que não conseguem valorizar, na prática, o que realmente importa.

Além das pressões externas que nos aprisionam, a mentalidade de vítima é um dos principais fatores que nos mantêm presos. Quando nos deparamos com desafios, é fácil culpar o governo, o chefe ou as circunstâncias alheias. O problema é que, ao fazer isso, perdemos a oportunidade de tomar as rédeas da nossa vida.

Pesquisas indicam que se autoperceber constantemente como vítima pode ser um sintoma de problemas como ansiedade e depressão, além de contribuir para comportamentos de procrastinação e autossabotagem. Esses

---

[6] DEPRESSÃO. **Organização Mundial da Saúde**, 2025. Disponível em: www.paho.org/pt/topicos/depressao. Acesso em: 17 fev. 2025.

[7] QUAIS são os transtornos de ansiedade. **National Geographic Brasil**, 31 out. 2022. Disponível em: www.nationalgeographicbrasil.com/cultura/2022/10/quais-sao-os-transtornos-de-ansiedade. Acesso em: 17 fev. 2025.

ciclos não apenas reduzem a produtividade, mas também prejudicam a qualidade dos relacionamentos interpessoais e a vida como um todo.

Outro problema atual é a procrastinação. De acordo com estudos revisados, cerca de 20% dos adultos apresentam comportamento de procrastinação crônica, que pode aumentar os níveis de estresse e ansiedade, gerando uma sensação de estagnação.[8] Esse hábito, frequentemente ligado ao medo de fracassar, à preocupação com críticas ou ao temor diante do desconhecido, contribui para a paralisia e a inação, afastando as pessoas dos objetivos que desejam alcançar.

A pior parte? Ao viver assim, estamos desperdiçando a joia mais preciosa que temos: a nossa vida. Mesmo diante de oportunidades claras, muitos de nós evitam avançar. Temos medo de que, se tentarmos, seremos desmascarados como impostores. Esse comportamento pode estar relacionado à síndrome do impostor, fenômeno identificado pela psicóloga Pauline Clance: indivíduos bem-sucedidos acreditam que suas conquistas são fruto da sorte, e não de mérito próprio.

Com frequência, deixamos que as expectativas dos outros nos definam. Esse desencontro entre nossa verdadeira essência e o que projetamos para o mundo é o que alimenta a sensação de insatisfação – a constante corrida atrás de algo que nunca parece suficiente. Estamos cercados por padrões e expectativas externas, mas completamente desconectados de nosso mundo interior.

Na minha opinião, essa desconexão é, talvez, o maior problema do nosso tempo. A falta de propósito, o sentimento de vazio e a busca interminável por validação nos aprisionam em um ciclo de insatisfação, e quanto mais tentamos preencher esse vazio com coisas externas – por meio das redes sociais, do consumismo, de vícios ou da aprovação alheia –, mais nos afastamos do que realmente importa: nós mesmos.

Imagine um grupo de cegos tocando um elefante. Cada um segura uma parte do animal e, com base nisso, tenta entender o todo. Um acredita que o elefante é como uma parede, e o outro, como uma serpente. Cada um tem uma percepção limitada da realidade, e cada um pensa que compreende o

---

[8] SANTI, A. de. A ciência da procrastinação. **Superinteressante**, 19 out. 2022. Disponível em: https://super.abril.com.br/comportamento/a-ciencia-da-procrastinacao. Acesso em: 17 fev. 2025.

todo, mas na verdade vê apenas uma parte distorcida. É assim que vivemos: presos em fragmentos da realidade, enquanto acreditamos que estamos vendo o todo. Nossas emoções e percepções limitadas nos cegam para o quadro completo. Estamos em uma prisão mental e nem sabemos disso.

Mas o que fazer, então, com todos esses problemas? Calma. Por mais que essa prisão pareça inescapável, ela não é uma sentença.

O primeiro passo para escapar é reconhecer que estamos presos. O segundo é entender que nós mesmos construímos a prisão, com base em nossas percepções e crenças (e isso significa que podemos desconstruí-la). Ao questionar o que nos limita, desafiar as expectativas que nos oprimem e nos conectar com nossa verdadeira essência, começamos a desmontar os muros invisíveis que nos cercam. Esse processo exige coragem, mas abre as portas para uma vida com mais plenitude e autenticidade.

A boa e a má notícia são que eu não posso fazer isso por você. Eu posso até ajudar – como estou fazendo agora, dando a você conhecimento e consciência –, mas eu só mostro o caminho. Você é quem tem que percorrê-lo, e isso muda tudo.

A liberdade que você busca começa com a sua própria educação. É um despertar. É aprender a questionar as narrativas que o mantêm preso, quebrar os muros invisíveis para então buscar um entendimento mais profundo de quem você é. E que bom que você está aqui, começando esse processo. Você está se educando e, ao fazer isso, está se transformando. E quando você se transforma, o mundo também muda.

> **"A educação não transforma o mundo. A educação transforma pessoas. Pessoas transformam o mundo."**
>
> – Paulo Freire[9]

---

[9] FREIRE, P. *In:* PENSADOR. Disponível em: www.pensador.com/frase/MTU5MTYyMg/. Acesso em: 17 fev. 2025.

02.
Se não você, quem? Se não agora, quando?

> **"Procure descobrir o seu caminho na vida. Ninguém é responsável por nosso destino, a não ser nós mesmos."**
>
> – Chico Xavier[10]

Você já se sentiu preso em sua própria vida, como se os dias estivessem passando e nada estivesse mudando, como em um *looping* ou um círculo vicioso?

Essa sensação de desconexão, de que o tempo está escorrendo pelos dedos enquanto uma estranha insatisfação toma conta, é mais comum do que imaginamos. Não é exatamente tristeza, mas um sentimento estranho, silencioso, que rouba nossa capacidade de viver plenamente. Acordar, trabalhar, voltar para casa, dormir – e repetir o ciclo. A cada semana, a sensação de que algo está faltando cresce um pouco mais. E, nesse ciclo, você pode não estar conseguindo dormir direito, pode estar com problemas na alimentação, compulsões ou sedentarismo e, além de tudo, sempre desconectado do presente, remoendo o passado ou preocupado com o futuro. Há também aqueles que sentem sempre um vazio, uma solidão, ou até sintomas físicos inexplicáveis (ou tudo isso junto e misturado).

Nesse ritmo, você se pega torcendo pelo fim de semana apenas para fugir da realidade de segunda a sexta. Você está apenas tolerando não viver o que deveria estar vivendo.

Em uma palestra, o autor Hélio Couto retratou algo que traduz o que digo.[11] Imagine a seguinte cena: um jovem sentado no metrô, voltando para casa após um dia exaustivo. O trem está lotado, ele está imerso no celular, com o

---

[10] PASTORINO, C. T. 90 - Procure descobrir o seu caminho na vida. **Bahia Espírita**, 6 set. 2016. Disponível em: www.bahiaespirita.com.br/doutrina-espirita/literatura-espirita/minuto-de-sabedoria/90-procure-descobrir-o-seu-caminho-na-vida.html. Acesso em: 28 mar. 2025.

[11] COUTO, H. Amar: a bioquímica do amor: reaprendendo a amar e ser amado. **SlideShare**, 16 maio 2017. Disponível em: https://pt.slideshare.net/slideshow/amarabioquimicadoamor-profheliocouto/76026293. Acesso em: 17 jan. 2025.

olhar perdido. De repente, seus olhos encontram os de uma garota. Ela é linda, sorri suavemente, e, por um breve momento, tudo ao redor parece desaparecer. O coração dele dispara. É uma conexão imediata. Ele sente que deveria fazer algo, dizer algo, mas, antes que perceba, o trem para, ela se levanta e vai embora. E ele continua lá, assistindo tudo acontecer, paralisado, sem ação.

Essa sensação de deixar uma oportunidade escapar não é rara. Assim como o jovem no metrô, você muitas vezes sente, em algum nível, que deveria agir, falar, fazer uma mudança, mas algo o trava. Você hesita, fica parado, racionalizando, vendo as oportunidades passarem enquanto continua no mesmo lugar. E, com o tempo, a frustração se acumula. Aquela sensação de impotência vai crescendo, até que você começa a se questionar se algum dia vai sair dessa paralisia.

Esse ciclo de repetição, essa inércia, muitas vezes nasce da falsa crença de que não temos controle sobre nossa própria vida. Veja o caso do João,[12] um cliente que me marcou de maneira profunda. Ele chegou até mim completamente devastado pela síndrome do pânico. O medo dominava seus dias, os ataques de pânico o mantinham à beira de um colapso. João acreditava que o problema estava no mundo externo: no trabalho, nas pessoas, nas circunstâncias. Durante nossas sessões, ele confessou que sentia que sua vida estava fora de controle.

Foi somente ao mergulhar nas memórias que o controlavam, ressignificando traumas antigos, que ele começou a entender algo fundamental: a responsabilidade pela própria mudança era dele e de mais ninguém. Assim como o jovem no metrô, João vivia esperando que algo fora dele mudasse. Esperava um empurrão externo, uma solução que o salvasse, mas o tempo continuava passando e nada mudava. Até que, em um ponto de virada, João tomou uma decisão: ele parou de esperar e decidiu agir. Nesse momento, sua transformação começou.

Talvez você também já tenha se visto nesta situação: aquele momento em que sente uma conexão com uma oportunidade, uma pessoa, um sonho, mas, em vez de agir, espera que as circunstâncias se alinhem perfeitamente. E, como no metrô, o sinal toca, o momento passa, e você fica exatamente onde estava. Esse é o grande erro que muitos de nós cometemos: esperar pelo momento perfeito, pelo sinal verde que nunca chega. Quer um conselho? Não existe momento perfeito. As oportunidades não esperam.

---

[12] Os nomes reais foram alterados para manter a privacidade dos pacientes.

No caso do João, ele percebeu que, se continuasse esperando, sua vida nunca mudaria. Em uma de nossas sessões, ele disse: "Passei minha vida inteira esperando que o mundo me salvasse, mas eu era o único que podia fazer isso". E essa é uma verdade brutal que muitos de nós evitamos, ficamos à espera do emprego ideal, da pessoa certa, de um milagre externo que mude tudo, mas, enquanto isso, a vida passa e as oportunidades escorrem pelas mãos.

Você percebeu? A autorresponsabilidade foi o ponto de virada na vida de João. Ao encarar os medos e começar a agir de modo intencional, ele transformou sua realidade. Foi até promovido no trabalho, um feito que antes parecia impossível. Mas, mais importante do que qualquer sucesso externo, foi o fato de que ele se tornou um exemplo para sua filha, alguém digno de admiração, e não por conquistas materiais, mas pela coragem de enfrentar a si mesmo e dar o primeiro passo em direção à mudança.

Essa transformação não é exclusiva do João. Você também tem o poder de mudar sua vida. Talvez esteja sentado, esperando que algo externo mude tudo; talvez veja oportunidades passando diante de você, mas hesite em agir. A realidade é que o sucesso ou o fracasso não dependem do que o mundo dá, mas do que você faz com o que tem.

Eu sei que você pode ficar preso em um ciclo vicioso de procrastinação e autossabotagem. Você já sabe o que quer, sabe o caminho, mas não age. Continua adiando, esperando o momento certo, a condição perfeita, ou que algo ou alguém o empurre na direção correta. Quanto mais você espera, mais difícil se torna quebrar essa inércia. Fica aprisionado pelas próprias expectativas e medos, sonhando com uma mudança, mas sem dar o primeiro passo. "Um dia eu faço isso…", e nunca faz.

Imagine por um momento que este texto seja um manual de natação. Eu posso passar o livro todo lhe explicando como nadar, mas você não sairá sabendo nadar de verdade, porque é algo que só se aprende na prática. A ação é o que transforma. O comportamento repetido transforma a percepção e, com o tempo, a identidade. É como saltar de paraquedas. Na primeira vez, o medo é esmagador. Na décima, ele diminui. Na milésima, dá lugar ao prazer, e você se enxerga como um paraquedista profissional. A prática transforma tudo.

Para ilustrar melhor esse conceito, apresento a você o Capitão Travado. Ele é um herói presente em muitos de nós. Ele quer avançar, conquistar e mudar, mas está sempre paralisado pelo medo de errar. Ele sente o peso do mundo sobre os ombros, com medo de que qualquer erro leve ao desastre. Sua raiva pelas injustiças do mundo é intensa, mas ele se sente impotente para mudar as coisas. O desejo de controlar tudo o consome, mas ele nunca se sente capaz o suficiente. Talvez você se identifique com ele, preso entre a vontade de agir e o medo, sentindo que está perdendo a batalha consigo mesmo.

© Vivaldo Neto

Você pode libertar o Capitão Travado. Tudo começa quando você decide parar, refletir e agir de acordo com o que realmente quer. Quando você faz isso, a vida começa a ganhar um novo significado. As decisões ficam mais claras, os relacionamentos se tornam mais profundos, e aquela sensação de vazio começa a se dissipar. A mudança que você procura está dentro de você.

Assim como no metrô, a oportunidade sorriu para você. É sua vez de se levantar e agir, antes que o sinal toque e ela desapareça. Pergunte a si mesmo: o que realmente faz você feliz? Não o que os outros esperam de você, mas o que faz seu coração bater mais forte. O que lhe dá alegria? Talvez seja hora de parar de esperar uma solução externa e se reconectar com quem você realmente é. Assim como João, você pode se libertar e criar um novo padrão na sua vida. A transformação começa quando você decide agir.

A vida é cheia de momentos como o daquele garoto no metrô, pequenas janelas de oportunidade que surgem e desaparecem em um piscar de olhos. Você não pode controlá-las, mas pode controlar como reage a elas. Se algo faz seu coração vibrar, é porque tem sentido para você. E se faz sentir, faz sentido. Se você não agir agora, quando? Se não for você, quem? **Chegou a hora de trocar a hesitação por êxito e ação.** Decisões tomadas por meio de ações mudam você e mudam o mundo.

"Dá o passo, que Deus dá o chão."

– Caio Carneiro[13]

---

[13] CARNEIRO, C. **Seja foda!** São Paulo: Buzz, 2017.

Não existe momento perfeito.

As oportunidades não esperam.

O poder do egoísmo consciente

@porvivaldoneto

03.
Nada é por acaso

> **"Aquilo a que chamamos acaso não é, não pode deixar de ser, senão a causa ignorada de um efeito conhecido."**
>
> – Voltaire[14]

Pare e reflita. Por que você está onde está? Por que os mesmos problemas continuam aparecendo na sua vida? Tudo o que você enfrenta hoje – cada obstáculo, cada dor, cada decepção – é o efeito de algo que veio antes. Você pode até não enxergar, mas há uma causa por trás de tudo, e, enquanto não descobrir essa causa, você seguirá preso aos mesmos padrões, sendo refém das mesmas frustrações e vivendo as mesmas histórias.

Essas causas são como raízes que se estendem profundamente no solo da sua vida, sustentando tudo o que você vê na superfície. Você pode até enxergar os frutos – seus problemas, seus medos, seus bloqueios –, mas as verdadeiras raízes estão enterradas, escondidas nas profundezas da sua mente e do seu coração. São essas raízes invisíveis que estão moldando sua realidade. E, enquanto você não cavar fundo para encontrá-las, seus esforços serão como cortar as folhas de uma árvore, esperando que isso resolva o problema.

O cérebro, o grande guardião da sobrevivência, está sempre trabalhando para protegê-lo. Quando você experimenta uma emoção forte – medo, raiva ou tristeza, por exemplo –, seu cérebro grava essa experiência como uma lição em forma de memória. Ele arquiva o evento, criando memórias que ficam para a vida toda; são memórias de longo prazo que podem acionar o gatilho sempre que algo parecido acontecer no futuro.

Seu cérebro quer evitar que você sofra de novo. Ele quer que você sobreviva, mesmo que isso signifique mantê-lo preso a comportamentos repetitivos. Sei que parece que não há sentido lógico-racional nisso, mas é porque não há mesmo: quem comanda esses comportamentos são as emoções.

---

[14] VOLTAIRE. *In:* PENSADOR. Disponível em: www.pensador.com/frase/NzgyNjM3/. Acesso em: 18 mar. 2025.

Imagine o seguinte: você é uma criança de 5 anos e entra em uma caverna escura. Logo é cercado por sons ameaçadores, bichos perigosos. Seu coração dispara. Você tem um pico de medo. Luta para sair dali, sente raiva de si mesmo por ter entrado, e, ao escapar, a tristeza toma conta: "Nossa, como fui burro, quase morri nessa caverna!". Seu cérebro grava essa experiência profundamente: cavernas são perigosas. Na próxima vez que você sequer pensar em entrar em uma caverna, o medo já estará lá, dominando você. Mesmo que o perigo não exista mais, seu corpo e sua mente estarão programados para reagir do mesmo jeito. E assim funciona com as emoções que você reprimiu – é isso que geralmente chamamos de trauma. Traumas passados, medos antigos, mágoas não resolvidas; tudo isso está dentro de você, moldando sua maneira de agir e ver o mundo.

O QUE É UM TRAUMA?

Para começar, é essencial entender o que é, de fato, um trauma. Um trauma não é apenas uma memória dolorosa; é uma resposta biológica do corpo. Ele ocorre quando uma experiência marcada por uma forte carga emocional é gravada em nossa mente com um aprendizado que, muitas vezes, nos limita. E essa experiência não necessariamente precisa ser um grande choque, como um acidente – pode acontecer de maneira sutil, aos poucos.

Voltemos à ideia da criança na caverna. Lá dentro, ao ser atacada por bichos perigosos, ela sente medo, tristeza ou até raiva. Essas emoções intensas criam o que eu gosto de chamar de "filme mental" – uma memória vívida que associa a caverna ao perigo. Esse aprendizado não é voluntário e consciente, mas já foi instalado. Isso algumas vezes vem em forma de promessa: "Nunca mais entro em cavernas", por exemplo.

Anos depois, essa pessoa, já adulta, pode não se lembrar do ocorrido, mas o corpo dela ainda reage como se a caverna fosse uma ameaça real. Por quê? Porque a emoção associada ao trauma nunca foi processada ou liberada. E aqui está o ponto crucial: enquanto você não liberar as emoções presas, o trauma permanecerá. Isso acontece porque, biologicamente, a emoção tem prioridade sobre a razão.

Talvez você se pergunte: *Por que a emoção tem mais força?* Imagine a seguinte situação: você está lendo tranquilamente este livro e, de repente, alguém entra na sala apontando uma arma para você. Nesse instante, seu corpo entra em estado de alerta. O medo toma conta. Você não vai parar para pensar logicamente; sua mente será dominada pela emoção.

Isso acontece porque a emoção é um programa biológico feito para garantir a sua sobrevivência. O cérebro prioriza o emocional em momentos de perigo, e essa mesma lógica se aplica aos traumas. Nesses momentos, não é vantajoso parar, pensar e analisar, e sim agir. Por isso a emoção toma a frente.

Portanto, para superar um trauma, você precisa primeiro liberar a emoção contida. Só depois será possível ressignificar a memória e mudar o aprendizado associado a ela. Muitas pessoas erram buscando em afirmações positivas uma solução mágica. Mas é como jogar sementes novas em um jardim com raízes podres ou em um solo de asfalto: é improdutivo. Por isso a ordem muda o resultado.

Essas emoções reprimidas podem se tornar uma prisão invisível (ou, agora, visível). Assim como no mito da caverna, de Platão, em que as pessoas estão acorrentadas e veem apenas sombras projetadas nas paredes,[15] você também está preso, vendo apenas os reflexos do medo, da raiva e da tristeza que carrega. O mundo real, fora da caverna, pode ser completamente diferente, mas, enquanto você estiver preso às sombras das emoções reprimidas, continuará reagindo ao passado, sem enxergar o presente.

Talvez você nunca tenha aprendido a lidar com essas emoções. Ninguém o ensinou a processar a raiva, o medo ou a tristeza de maneira saudável, e essa é uma causa poderosa dos problemas que você enfrenta. Você está carregando memórias antigas, trancadas no seu corpo e na sua mente, memórias que estão controlando suas respostas ao mundo. Você pode não se lembrar delas conscientemente, mas elas estão lá, impactando suas decisões, minando seu poder, drenando sua energia.

Sem saber como expressar suas emoções, você aprendeu a enterrá-las, mas o que você enterra não morre. Pelo contrário, essas emoções se tornam forças subterrâneas, mexendo com sua mente, afetando sua saúde, influenciando seus relacionamentos e se atrelando à sua identidade e visão de mundo. Elas

---

[15] PORFÍRIO, F. Mito da Caverna. **Brasil Escola**, 2025. Disponível em: https://brasilescola. uol.com.br/filosofia/mito-caverna-platao.htm. Acesso em: 21 fev. 2025.

são reprimidas, não desaparecem; acumulam-se como veneno, esperando o momento certo para se manifestarem. Em algum ponto, sua mente e seu corpo gritam por socorro, e esse grito vem na forma de ansiedade, estresse, doenças e sofrimento.

Vamos ver alguns exemplos de como isso se manifesta em comportamentos e fatores que podem estar atrapalhando a sua jornada de transformação pessoal.

NÃO SABER PERDOAR

Quando você perdoa de verdade, não está apagando o passado, mas libertando--se dele e mudando o modo como enxerga as situações que ocorreram e a relação com as pessoas envolvidas. Não são os eventos ou as pessoas que mudam – quem muda é você, ao adotar uma nova identidade. Porém, o mais comum é carregar a culpa e o ressentimento, e assim a dor permanece, porque você continua segurando-a em sua identidade.

Perceba que o fato ocorrido no passado é imutável, mas a maneira como você interpreta a dor pode ser redefinida. Ao perdoar, você remove o peso emocional que o aprisiona. É como criar um novo filme em sua mente com base no mesmo fato. Não se trata do outro; trata-se de mudar a *sua* visão. Perdão é um ato "egoísta" que diz só sobre você, o que o outro fez ou deixou de fazer não estava no seu controle, mas perdoar está. Então, se alguém lhe fez algum mal e isso ainda o afeta, como você não vai perdoar essa pessoa, se o perdão cabe apenas a você?

TRAUMAS PASSADOS

Você carrega traumas que talvez nem saiba que existem. Eles estão ali, no fundo, moldando cada decisão que você toma, cada medo que sente, cada escolha que evita.

Lembro-me de uma cliente que chegou até mim com fobia social, invalidada, sem trabalhar e sair de casa, e tudo começou quando ela tinha 2 anos, por conta de um pombo. Sim, uma memória de quando era bem pequena desencadeou uma fobia de pombos, que anos mais tarde escalou para fobia social e síndrome do pânico. Com apenas uma dinâmica, ela foi capaz de chorar por uma vida toda, soltar as emoções reprimidas e desenvolver um novo olhar para os pombos, para si mesma e, claro, para o mundo.

Veja bem, os traumas emocionais e psicológicos se tornam filtros através dos quais você vê o mundo. Eles distorcem a realidade, fazendo que cada desafio pareça maior, mais assustador, mais intransponível do que realmente é. E quanto mais esses traumas permanecem intocados, mais eles reforçam a narrativa de que a vida é injusta, perigosa e difícil. Você começa a acreditar que não há saída, porque está preso em um ciclo de medo e autoproteção.

EMOÇÕES REPRIMIDAS

Emoções como medo, tristeza e raiva são correntes invisíveis que limitam seus movimentos, e libertá-las traz alívio mental e físico. Quando você para de lutar contra elas e simplesmente permite que fluam, aquilo que parecia insuportável se dissolve. É como tirar uma armadura pesada após anos vestindo-a – o alívio é imediato.

MEDO DE MUDAR

O medo é o maior paralisador da ação. Ele o mantém preso na zona de conforto, adiando decisões, evitando o desconhecido, e quanto mais você procrastina, mais difícil se torna romper o ciclo. Em vez de esperar que o medo desapareça (o que raramente acontece), é preciso agir *apesar* do medo.

Pesquisas mostram que pequenas ações deliberadas e consistentes têm o poder de criar um ciclo positivo de confiança. Cada passo dado, por menor que seja, contribui para reduzir o medo e fortalecer a motivação. Celebrar pequenas vitórias, como sugere Ruy Gripp, melhora a autoestima e incentiva a continuidade, promovendo avanços significativos ao longo do tempo.[16] B. J. Fogg, da Universidade de Stanford, complementa essa ideia ao destacar que a criação de micro-hábitos simples e repetitivos é o segredo para grandes transformações.[17]

Assim, o impacto cumulativo de pequenas conquistas pode ser uma estratégia poderosa para superar desafios e alcançar objetivos. A cada ação, o ímpeto cresce, e logo você percebe que o topo da montanha não está tão

---

[16] GRIPP, R. A psicologia das pequenas conquistas: como pequenas vitórias impactam nossa vida. **Engº Agrº Ruy Gripp**, 23 dez. 2024. Disponível em: https://ruygripp.com.br/a-psicologia-das-pequenas-conquistas/. Acesso em: 21 fev. 2025.

[17] FOGG, B. J. **Micro-hábitos**: as pequenas mudanças que mudam tudo. Rio de Janeiro: HarperCollins, 2020.

distante quanto parece. A confiança não antecede a ação; ela é consequência dela. Lembre-se do exemplo do paraquedista: ação muda identidade.

AMBIENTE

Além dos fatores internos, pode ser que seu problema venha de um lugar externo. Vamos falar do ambiente em que você vive.

O ambiente é como o ar que você respira – você pode não o ver, mas ele está sempre influenciando você. Então, se você vive em um ambiente tóxico, essa toxicidade se infiltra nas suas crenças, contaminando sua maneira de agir e pensar. Isso vale para o trabalho, para a família e para os amigos. Se ao seu redor as pessoas falam sobre fracasso, sobre como o mundo é cruel e não há esperança, essas vozes vão se tornar a sua.

Seguindo essa mesma lógica, ambientes tóxicos podem causar danos reais à saúde mental e física. Se o ambiente ao seu redor é hostil, há maior probabilidade de que você desenvolva ansiedade, depressão e doenças relacionadas ao estresse. Imagine que você está em uma sala e uma pessoa acende um cigarro e solta a fumaça na sua cara. Nesse momento, é imposta a você a condição de fumante, quer você a tenha escolhido ou não.

O ambiente não é apenas um fator externo; ele se torna parte de quem você é e pode ser uma das causas mais poderosas para você estar onde está hoje. Os lugares que você frequenta dizem muito sobre você, porque o ambiente o molda, o define e o limita – se você deixar.

As mesmas pesquisas citadas anteriormente confirmam que as pessoas têm uma probabilidade muito maior de alcançar sucesso em ambientes positivos. Você é influenciado por aquilo e por quem o cerca, então, ao cercar-se de influências que o apoiam, você cria as condições ideais para o crescimento. Já ouviu falar que você é a média das cinco pessoas com quem mais convive? Isso é verdade, então escolha com sabedoria.

CRENÇAS LIMITANTES

As crenças limitantes agem como raízes invisíveis que o prendem ao chão, impedindo seu crescimento, e prejudicam a maneira como você vê a si mesmo e o mundo. Desde cedo, você foi levado a acreditar em certas coisas: que não é bom o suficiente, que isso ou aquilo não é para você, que o sucesso é para os outros, que você não merece certas coisas e que os ricos não prestam. Essas percepções limitadas foram implantadas em você por sua família, pela sociedade, pela cultura em que você vive, e você as aceitou como verdade, mesmo sem ter plena consciência disso. Agora, elas estão ditando suas escolhas e seus resultados.

No livro *A biologia da crença*, o neurocientista Bruce Lipton defende que as crenças que carregamos influenciam diretamente nosso corpo e nossa mente.[18] Se você acredita que o fracasso é inevitável, seu cérebro e corpo vão reagir de modo a confirmar essa premissa. Mesmo que você tenha todas as oportunidades diante de você, sua mente vai encontrar maneiras de se sabotar porque está condicionada a acreditar que fracassar é o seu destino.

PROPÓSITO

Há outra causa crucial que pode estar minando sua vida: a falta de propósito e pertencimento. Se você não sabe por que faz o que faz, se não sente que pertence a algo maior, a vida perde o sentido. Você se sente à deriva, desconectado e vazio. A sociedade diz o que você deveria querer – sucesso, dinheiro, reconhecimento –, mas nada disso preenche o vazio que você sente por dentro. Sem propósito, você se torna uma marionete, sempre buscando validação externa, tentando preencher sua falta de sentido com coisas que não sustentam sua alma.

Mas o que muitos não percebem é que o propósito não precisa ser grandioso ou espetacular. Ele pode estar nas pequenas ações, nos momentos do dia a dia. Pode estar em algo que você faz naturalmente, que lhe traz alegria, que faz seu coração vibrar. A professora Laurie Santos, da Universidade de Yale, nos lembra de que pessoas que encontram sentido nas suas rotinas diárias são mais felizes, mais realizadas e vivem mais tempo.[19] O que você faz precisa fazer sentido para você. Ao alinhar ações com propósito, tudo ganha um novo significado.

---

[18] AMARAL, R.; MEIRELES, C. Epigenética: entenda a ciência que revolucionou a esfera do bem-estar. **Metrópoles**, 18 jun. 2021. Disponível em: www.metropoles.com/colunas/claudia-meireles/epigenetica-entenda-a-ciencia-que-revolucionou-a-esfera-do-bem-estar. Acesso em: 21 fev. 2025.

[19] FRANCO, S.; SANTOS, L. Universidade Yale ensina a fazer escolhas para uma vida mais feliz. **Valor Econômico**, 30 abr. 2021. Disponível em: https://valor.globo.com/eu-e/noticia/2021/04/30/universidade-yale-ensina-a-fazer-escolhas-para-uma-vida-mais-feliz.ghtml. Acesso em: 17 jan. 2025.

Faça uma pausa e reflita sobre o que realmente faz você feliz. O que faz seu coração bater mais rápido? Do que você desfruta? O que se torna um fim em si mesmo? O que lhe dá aquela sensação de realização, de que você está onde deveria estar? Essa é a essência da vida. Quando você age de acordo com seu propósito, o tempo parece parar, o esforço diminui e a alegria e a realização tomam conta.

"Até você se tornar consciente, o inconsciente irá dirigir sua vida, e você o chamará de destino."

– Carl Jung[20]

---

[20] Frase atribuída a Carl Jung, fundador da Psicologia Analítica.

E aqui está o ponto crucial: enquanto você não liberar as emoções presas, o trauma permanecerá.

O poder do egoísmo consciente
@porvivaldoneto

04.
Não são os fatos, mas os significados

"Não existem fatos, apenas interpretações."

– Friedrich Nietzsche[21]

Como vimos, nossas memórias e nossas interpretações delas são diretamente influenciadas pelo que sentimos, e o que sentimos tem relação direta com relações pessoais, crenças e valores. Ou seja: não são os fatos que nos prejudicam e nos fazem agir como agimos, e sim os "filmes" que criamos com base em nossas memórias. São as narrativas, os significados, as histórias que contamos a nós mesmos com base no que vivemos.

Por exemplo, se você caiu de bicicleta quando tinha 7 anos, isso pode ter gerado um filme de tristeza, medo, raiva ou sensação de incapacidade: *Ninguém liga para mim, Eu não consigo, Eu sou fraco*. Mas o mesmo fato poderia ter se transformado em um filme de alegria e diversão – talvez um momento para rir de si mesmo e não se levar tão a sério, ou até uma prova de resiliência: *Olha como eu persisto e sempre consigo aprender o que quero*.

O fato em si não muda. O que muda é o filtro que cada pessoa usa para interpretar o que aconteceu. Cada memória respeita a visão única de quem a viveu, influenciada pela identidade, pelas crenças e pelos recursos daquele momento.

Vamos a um exemplo: Vitor traiu Laura. Se houvesse uma gravação dessa situação, veríamos um vídeo neutro de Vitor quebrando o compromisso de fidelidade com Laura. Agora, o modo como isso será interpretado depende do filtro mental e emocional de cada um.

Para Laura, talvez tenha sido uma grande tragédia, mas para a mulher que estava interessada em Vitor foi algo digno de comemoração, pois significa

---

[21] SABOIA, E. M. "Não existem fatos, apenas interpretações". **Gazeta do Povo,** 3 ago. 2017. Disponível em: www.gazetadopovo.com.br/opiniao/artigos/nao-existem-fatos-apenas-interpretacoes-0gyudkeq49uamylkqbi1qkqes/. Acesso em: 18 mar. 2025.

que ele está solteiro. Do mesmo modo, para alguém que não conhece Vitor nem Laura, a situação será neutra, talvez irrelevante.

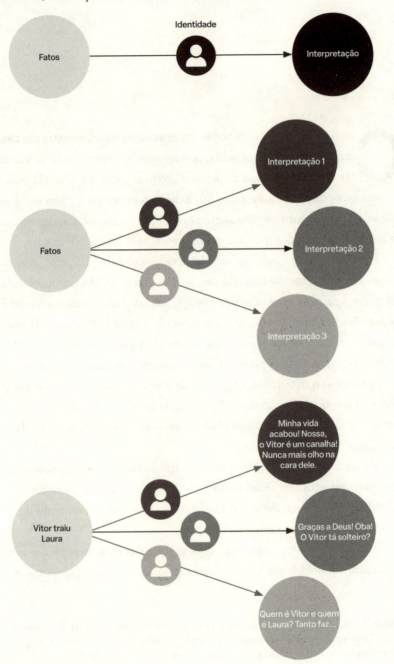

Algumas percepções e exemplos de filmes muito comuns que surgem em terapias são filmes de desamor, desvalorização, impotência, separação, falta de proteção, traição, injustiça, culpa, abandono, menosprezo ou humilhação, abuso, incapacidade, rejeição ou não aceitação; e filmes que tenham a ver com uma das emoções-base: nojo, desprezo, surpresa, medo, tristeza ou raiva. Cada um desses filmes enfoca um momento específico; no entanto, uma percepção universal que conecta muitos deles é a questão do controle.

O controle é como uma criança interna que quer que tudo saia exatamente como ela acha que deve ser. Isso frequentemente está relacionado a situações de abandono, traição, separação, desamor ou desamparo. Quando algo sai do controle e causa sofrimento, nossa mente busca compensar criando um comportamento de controle excessivo.

Por exemplo, se você viveu uma experiência fora do seu controle – como o menino na caverna, mencionado anteriormente –, é natural que sua mente tente controlar todas as situações futuras para evitar passar pelo mesmo sofrimento. Isso pode gerar ansiedade ou depressão, porque você acaba tentando controlar o que não está ao seu alcance. Para trabalhar isso, é importante entender os níveis de controle.

OS TRÊS NÍVEIS DO CONTROLE

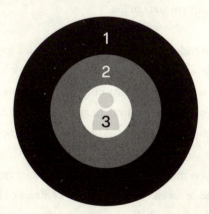

1. O que não está sob seu controle nem sob sua influência.
2. O que está sob sua influência, mas não sob seu controle direto.
3. O que está sob seu controle direto.

- No **nível 1**, pense em eventos externos, como a chuva. Se você está lendo este livro e começa a chover, você pode fazer uma prece, uma dança ou um ritual para que a chuva pare, mas isso vai requerer que você simplesmente confie e exerça sua fé, deixando o resultado na mão de Deus, do Universo ou de uma força externa, já que nenhuma dessas ações vai realmente influenciar ou controlar o fato de chover ou não;
- No **nível 2**, estamos falando de pessoas. As pessoas frequentemente estão presentes em memórias traumáticas – seja por fazerem, seja por deixarem de fazer algo. Muitas vezes, elas não cumprem nossas expectativas, e isso nos frustra, porque queremos controlá-las para que ajam do jeito que achamos correto. No entanto, existem aquelas pessoas que, por mais que você prove por A + B que o seu modo de agir é o certo, elas simplesmente não vão ouvir ou aceitar. Então aqui está um grande aprendizado: você não exerce controle sobre as pessoas, mas exerce influência;
- O **nível 3** é o livre-arbítrio – o que realmente depende de você. São suas ações, suas decisões e seus comportamentos que contam. É o que está sob sua responsabilidade direta e, portanto, sob seu controle. Você não pode mudar o passado ou controlar o comportamento dos outros, mas pode decidir como agir e reagir daqui para frente. Esse poder está em suas mãos.

Quando você entende esses três níveis, pode aplicá-los às suas memórias para interpretá-las de uma nova maneira, o que ajuda a lidar com lembranças dolorosas. Muitas pessoas sentem culpa por eventos passados que não estavam sob o controle delas, e outras ficam presas à tristeza ou à raiva por tentar, inconscientemente, mudar o passado, o que é impossível. Esse comportamento só causa ciclos de frustração e sofrimento.

Vamos explorar isso mais a fundo. Uma situação que fugiu do seu controle e trouxe sofrimento pode ser chamada de abuso. O abuso é algo que foi imposto a você, algo que você sofreu. Ele frequentemente traz emoções como medo de perder o controle outra vez e passar pela mesma experiência; tristeza por se sentir menor, sem valor ou impotente diante da situação; e raiva pela injustiça ou porque as coisas não aconteceram do jeito que você acredita ser certo ou justo.

O que fizeram a você não é culpa sua. Mas liberar as emoções contidas e dar novas interpretações a essas experiências é sua responsabilidade. Agora, escolher permanecer em um ambiente ou em uma relação abusiva é, sim, escolha sua, pois aquilo que você tolera, você escolhe para você. Aqui, não estou de maneira alguma dizendo que a vítima tem culpa, apenas evidenciando que, no limite, toleramos abusos, mas temos o poder de agir para sair do ambiente abusivo.

Perceba então que o que é certo e errado é relativo. Depende do seu filtro mental, da sua identidade, do filme que você cria. Vou dar um exemplo: um gol do Corinthians é bom ou ruim? A resposta é: depende. Veja, sou corinthiano desde pequeno. Herdei essa paixão do meu pai, que herdou do meu avô, e assim por diante. Agora, talvez para um palmeirense um gol do Corinthians seja algo ruim. Sua perspectiva de controle depende do seu filtro de crenças e valores, do que você considera certo ou errado.

Para muitas pessoas pode ser difícil criar novos filmes ou retirar dos que já existem novos aprendizados, mas as técnicas de interpretação que compartilhei são algumas das mais poderosas que já estudei e são extremamente eficazes no contexto de uma sessão viva de terapia. Essas ferramentas podem ajudá-lo a mudar suas memórias ainda hoje. Assim, ao revisitá-las, você poderá entregar novos recursos à sua "versão anterior" – seja sua criança interior ou a versão de você mesmo que criou aquele filme mental. Liberar emoções e ressignificar memórias são as chaves para transformar sua perspectiva e viver com mais leveza.

O OPOSTO DO CONTROLE É A FÉ

Muitas pessoas pensam que o oposto de controle é o descontrole, mas, para mim, o oposto de controle é a fé. A fé é a ausência de dúvida. A fé é 100% de certeza. E não precisa ser algo místico, mirabolante ou esotérico: estou falando da mesma fé que você está exercendo na segurança do prédio ou da casa em que está, na firmeza do teto sobre sua cabeça.

Você não fica pensando no teto ou no edifício enquanto está nele. Você confia. E é essa confiança que precisa ser desenvolvida em outras áreas da sua vida. Porque, quando você tem fé – a verdadeira certeza –, você não precisa controlar tudo. Você solta. E, ao soltar, você encontra a paz.

Isto é fé: a ausência total de dúvidas. Quando você tem fé, você não precisa controlar. Quando tem certeza, você solta o controle. Mas, se você tem dúvidas, você tem medo. Quanto mais duvida, mais o medo aumenta. Muitas pessoas vivem tentando controlar tudo e têm medo de perder o controle justamente porque têm dúvidas: sobre quem são, sobre as próprias crenças e valores ou até sobre o próprio propósito.

Então, eu o convido a ter fé em você mesmo. Acredite na sua identidade, sem dúvidas. Tenha 100% de certeza.

Todo esse aprendizado sobre controle e fé pode ser resumido em uma frase que Caio Carneiro sempre repete e da qual gosto muito: "Dá o passo, que Deus dá o chão".[22] Ou seja, o que cabe a você é dar o primeiro passo – agir sobre o que está no seu controle. Mas o resultado final, os mínimos detalhes, não está 100% sobre seu controle. E é aqui que você precisa soltar e confiar.

Deixe-me contar uma história que ilustra ainda mais essa ideia: é a história do fazendeiro chinês. Havia um fazendeiro na China que possuía um cavalo. Um dia, o cavalo fugiu, e todos no vilarejo lamentaram: "Poxa, fazendeiro, que pena, você perdeu seu cavalo!". Mas ele respondeu: "Talvez seja bom, talvez seja ruim, quem sabe?".

No dia seguinte, o cavalo voltou, trazendo consigo dois cavalos selvagens. Todos comemoraram: "Que sorte, fazendeiro! Agora você tem três cavalos!". E novamente ele respondeu: "Talvez seja bom, talvez seja ruim, quem sabe?".

No dia seguinte, o filho do fazendeiro foi brincar com um dos cavalos selvagens, caiu e quebrou a perna. Mais uma vez, todos lamentaram: "Que tragédia, fazendeiro! Seu filho quebrou a perna!". Mas o fazendeiro apenas disse: "Talvez seja bom, talvez seja ruim, quem sabe?".

No dia seguinte, o exército chinês passou pelo vilarejo recrutando todos os jovens para a guerra. Mas o filho do fazendeiro não foi levado porque estava com a perna quebrada. E todos disseram: "Que sorte, fazendeiro! Seu filho foi poupado da guerra!". E ele respondeu: "Talvez seja bom, talvez seja ruim, quem sabe?".

A moral da história é simples, mas poderosa: não faz sentido tentar controlar todas as situações para que elas saiam exatamente como você acha que

---

[22] CARNEIRO, C. *op. cit.*

devem. Quem disse que o que você quer hoje é realmente o melhor para você? Talvez o que pareça uma tragédia agora seja uma benção disfarçada. Quebrar a perna é bom ou ruim? Depende do contexto. No momento, pode parecer algo terrível, mas no futuro pode se revelar a melhor coisa que poderia ter acontecido. Por isso, sempre que algo sair diferente do que você escolheria, pense: *Viva!*. Agradeça, pois pode ser um livramento disfarçado, e essa situação também é um convite para você lembrar que está vivo. A vida é isto: o bom e o ruim também dependem do tempo.

Existe ainda outra história de que gosto muito, que traz um profundo aprendizado sobre controle: um mestre vivia em uma vila quando, certa noite, um americano chegou para conhecê-lo. Enquanto descansavam, um assaltante invadiu a casa. O ladrão bateu no mestre, agrediu o americano, deixou ambos sem roupas e levou tudo o que tinham. No dia seguinte, o americano foi ao vilarejo contar sobre o ocorrido. Ele ficou obcecado para encontrar o assaltante. Passou-se um mês, depois três, e ele não conseguiu encontrar o culpado. Um ano depois, ainda obcecado em rastrear aquele assaltante que os havia prejudicado, o americano percebeu que o mestre nunca mais tocara no assunto.

Intrigado, ele perguntou: "Por que, depois daquele dia em que fomos assaltados, você nunca mais mencionou o que aconteceu?". O mestre respondeu calmamente: "Porque nada pode mudar o que ele fez conosco. Mas continuar carregando isso comigo é uma escolha minha. Então, decidi soltar aquilo naquele mesmo momento".

Se você tem uma crença religiosa, use sua fé para confiar que o que é bom ou ruim depende do tempo. Talvez algo que hoje pareça péssimo seja, na verdade, o catalisador de um aprendizado que você precisava para crescer e se conectar com seu verdadeiro propósito. E quero lhe dizer que, não importam as situações, você é um universo particular e é infinitamente maior do que qualquer situação. Então deixe-as ir. Talvez o seu maior medo tenha relação direta com o seu chamado.

A paz não está em controlar o que aconteceu ou quem causou o sofrimento. Está em soltar, aprender e transformar o que aconteceu em força, para cumprir o que você veio fazer aqui. Isso é assumir o controle de verdade. Esse aprendizado, se colocado em prática, mudará você e também o mundo, mas ele só cabe a você. Eu não posso perdoar por você alguém que fez mal a você. Só você pode fazer isso. Eu também não posso emagrecer por você ou mudar o significado de uma memória por você, mas posso trazer entendimentos para que você percorra esse caminho – e é o que vou fazer neste livro.

Cabe a você mudar. Você muda o mundo.

> **"Ou seremos controlados por Satanás, ou pelo 'eu', ou por Deus. O controle de Satanás é escravidão. O controle do 'eu' é soberba. O controle de Deus é vitória."**
>
> – Santo Agostinho[23]

A TRANSFORMAÇÃO COMEÇA EM VOCÊ

Se você está preso a padrões repetitivos, vivendo os mesmos problemas de sempre, é porque a causa original – ou causas, como vimos – ainda está ativa.

"Mas, Neto, eu já tentei de tudo!" Garanto que não. Se os sintomas ainda persistem, a causa ainda existe. Seu ambiente está limitando-o e você está reagindo contra o mundo com base em memórias antigas, traumas não resolvidos, emoções reprimidas, percepções distorcidas ou, quem sabe, alguma outra coisa. Quando sua saúde física, mental ou emocional começa a dar sinais de colapso, é hora de se levantar e agir na causa.

Não podemos evitar desafios; eles fazem parte da vida. Mas, quando esses desafios nos destroem por dentro, precisamos olhar para suas causas profundas. Enquanto elas não forem expostas e enfrentadas, você continuará preso no mesmo ciclo de inação, medo e autopreservação.

Mas aqui está o ponto mais importante: nada na sua vida vai mudar enquanto você não encarar a verdade. As causas estão dentro de você, no seu ambiente, nas suas percepções sobre si mesmo e sobre o mundo. Até que você tenha a coragem de confrontá-las, os mesmos problemas continuarão surgindo. Mas a boa notícia é que você tem o poder de mudar tudo isso. A

---

[23] AGOSTINHO, S. *In:* PENSADOR. Disponível em: www.pensador.com/frase/MTUwND k0Mg/. Acesso em: 28 fev. 2025.

"batata quente" que está queimando suas mãos é você quem está segurando, então também cabe a você soltá-la.

Causas podem ser transformadas. Percepções podem ser reescritas. Ambientes podem ser ajustados. Você não está condenado a viver eternamente na sombra dos mesmos problemas. Tudo começa com a conscientização, com a coragem de enfrentar o que está por trás dos seus problemas, e é isso que vamos fazer a seguir.

Você pode sair da caverna e enxergar além das sombras. Agora é hora de assumir o controle para mudar você e mudar o mundo.

"O cérebro humano não apenas responde ao mundo, ele cria o mundo ao seu redor."

– Miguel Nicolelis[24]

---

[24] NICOLELIS, M. **O verdadeiro criador de tudo**: como o cérebro humano esculpiu o universo como nós o conhecemos. Campinas: Crítica, 2020.

05.

Corpo, mente e espírito

> "É você que tem poder sobre sua mente – não os eventos externos. Perceba isso e você encontrará força."
>
> – Marco Aurélio[25]

Para começarmos, quero apresentar um conceito poderoso: o custo de oportunidade. Esse termo, muito usado na economia, se refere ao custo de fazer uma escolha em detrimento de outra. Falando de maneira diferente, ao optar por uma coisa, você está automaticamente abrindo mão de outra.

Vamos a um exemplo simples: imagine que você tem um terreno de 100m² e quer plantar milho e batata. Em certa época do ano, você decide plantar somente 50% de milho e 50% de batata. Porém, depois de um tempo, o mercado vira e o milho valoriza muito, o que faz você querer plantar mais milho. Essa decisão significa que você terá que abrir mão das batatas naquele mesmo espaço pois o terreno é limitado, finito. Então, quando você decide por mais milho, isso necessariamente implica menos batata. Esse é o custo de oportunidade: aquilo que você deixa de fazer em função de uma escolha.

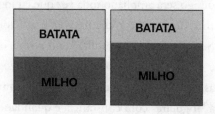

Agora pense na sua vida e imagine que esse terreno é seu tempo. Esse terreno, todos os dias, tem 24 horas, o que equivale a 1.440 minutos ou 86.400 segundos. E se ampliarmos para um ciclo maior? Um ano tem 52 semanas, 365 dias, 8.760 horas, 525.600 minutos e mais de 31 milhões de segundos.

---

[25] AURÉLIO, M. *In:* PENSADOR. Disponível em: www.pensador.com/frase/MjEzNzI4NQ/. Acesso em: 25 fev. 2025.

O tempo é o recurso mais valioso que temos. Mas a verdadeira pergunta não é quanto tempo temos, e sim como estamos usando esse tempo. Quantas vezes você está pagando um custo de oportunidade alto, investindo tempo e energia em coisas que não o levam para onde você realmente quer estar? É como se estivesse usando seu terreno para plantar algo que não está alinhado com seus sonhos. Você quer uma colheita de milho, mas continua plantando batata.

O maior custo que você pode ter na sua vida, muitas vezes, é o custo de oportunidade. Estar em uma ocupação que não faz você se sentir realizado, nutrir hábitos que o afastam dos seus objetivos ou manter relações que não o fortalecem são exemplos de escolhas que podem estar drenando o terreno fértil daquilo que você realmente deseja e vislumbra para você.

Por isso, pense no custo das suas escolhas. Reflita sobre como você está utilizando a moeda mais valiosa que tem: seu tempo. E, acima de tudo, certifique-se de que suas decisões estão alinhadas com o que realmente importa para você.

Imagine uma fogueira. Se você quisesse mantê-la acesa por mais tempo, qual seria sua estratégia? Muitas pessoas jogariam álcool, mas o álcool cria uma chama rápida e intensa que logo apaga, deixando a fogueira mais fraca do que antes. Pergunte-se: tem alguma chance de eu jogar álcool em uma fogueira e não pegar fogo? Ou o fogo será ampliado toda vez que eu jogar?

A verdadeira forma de manter a chama viva é adicionando lenha – e lenha de qualidade. Se você usar lenha molhada ou podre, o fogo não pegará adequadamente; ou, se ficar só com pequenos impulsos, talvez até tenha um pico de fogo, mas ele enfraquecerá rápido. Assim é com a sua vida: você precisa alimentar sua "fogueira" com constância e qualidade.

Cada dia em que você se cuida, seja mental, física ou espiritualmente, você adiciona lenha boa à sua fogueira. Isso cria uma chama sustentável, que não se apaga com facilidade. Então, reflita: você está jogando álcool ou adicionando lenha? Você está construindo algo duradouro ou buscando apenas explosões momentâneas?

Quero apresentar mais um conceito poderoso, uma adaptação da matriz de Eisenhower. Os quatro eixos de causa e efeito são fundamentais para entender onde você está investindo sua energia e como isso afeta seus resultados.

52　O poder do egoísmo consciente

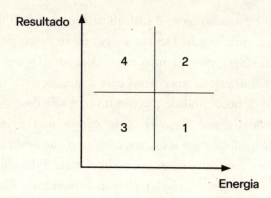

Nesse esquema, os quadrantes representam o seguinte:
1. **Atividades que exigem muita energia e trazem pouco ou nenhum resultado:** essas atividades são um desperdício de tempo e energia. Simplesmente as exclua da sua vida.
2. **Atividades que exigem muita energia, mas trazem algum resultado ou resultados bons**: são atividades que você deve delegar. Sua energia é valiosa demais para ser desperdiçada em algo que outros possam executar melhor.
3. **Atividades que exigem pouca energia e trazem pouco resultado**: avalie essas atividades. Muitas vezes, vale a pena mantê-las porque, apesar de gerar pouco resultado, o custo é tão baixo que ainda podem ser úteis.
4. **Atividades que exigem pouca energia e trazem muito resultado**: essas atividades devem ser o seu foco. Aqui está o seu ouro, a chave para maximizar a eficiência e o sucesso.

No mundo das terapias e do desenvolvimento pessoal, você precisa identificar quais atividades estão alinhadas com a direção dos seus objetivos e quais estão apenas ocupando seu tempo sem trazer retorno significativo. Quais atividades no seu dia a dia estão no quadrante 4? No 1? No 2 e no 3? Lembre-se sempre do conceito de custo de oportunidade: o custo de fazer uma coisa é deixar de fazer outra.

Muitas vezes, estamos desperdiçando a vida investindo tempo em coisas que não nos levam a lugar algum, e assim o custo de oportunidade fica muito alto. O primeiro passo é identificar o que está alinhado com a direção que você quer seguir. Depois, perguntar-se: quais dessas coisas exigem pouco esforço e trazem grandes resultados? São elas que você deve focar. Quando você direciona sua energia para o que importa, reduz drasticamente o custo de oportunidade e maximiza os resultados.

Portanto, cuide da sua "fogueira" com consistência e inteligência. Adicione lenha de qualidade todos os dias. Elimine o que drena sua energia sem trazer retorno e concentre-se no que realmente faz a diferença. Assim, você construirá uma vida sustentável, repleta de conquistas e alinhada com seus maiores objetivos. O primeiro passo para mudar é reconhecer que quem tem poder de transformar sua vida é você. Mudar você muda o mundo!

Como afirma James Clear em *Hábitos atômicos*,[26] nossos resultados são o reflexo da identidade que assumimos: "O objetivo não é ler um livro, é se tornar um leitor. O objetivo não é correr uma maratona, é se tornar um corredor". Assim, transformar nossos resultados exige uma mudança de identidade, que, por sua vez, molda nossos comportamentos e ações.

As três camadas da mudança de comportamento

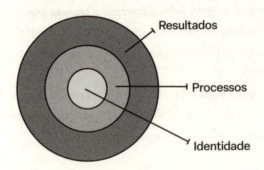

Perceba que uma coisa puxa a outra: meus comportamentos também validam minha identidade e vice-versa. Esse pode ser um bom resumo do que venho falando: enfoque a sua identidade e a valide por meio de comportamentos!

---

[26] CLEAR, J. **Hábitos atômicos**: um método fácil e comprovado de criar bons hábitos e se livrar dos maus. Rio de Janeiro: Alta Books, 2019. p. 30.

A cada decisão tomada em alinhamento com quem você realmente é, você se aproxima de uma versão mais plena e verdadeira de si mesmo. E aqui está o ponto mais importante: quando você muda a maneira como se vê, tudo ao seu redor também se transforma. As limitações que antes pareciam intransponíveis começam a se dissolver, as correntes que o mantinham preso se quebram e o que antes parecia inalcançável começa a se aproximar.

Essa é a força da transformação interna: você não precisa esperar por nada. A mudança começa dentro de você. Quando você muda por dentro, o mundo ao seu redor responde a essa nova energia. Então pare de tentar enterrar, apagar ou esquecer os fatos e olhe para eles com uma nova perspectiva. Crie uma nova narrativa, uma nova interpretação.

Mas por que é tão difícil fazer isso? Porque, como expliquei, enquanto houver emoções reprimidas, a memória permanecerá "presa". É por isso que, assim como já fiz com centenas de clientes, depois de passar anos estudando as mais variadas linhas de autoconhecimento e mapear as principais áreas da vida que impactam nosso bem-estar, vou mostrar como você pode mudar isso na sua vida e como essa decisão impactará o mundo.

A verdadeira transformação começa quando olhamos para nós mesmos de maneira integrada, reconhecendo que o corpo, a mente e o espírito não são partes isoladas, mas elementos profundamente interconectados que influenciam nosso bem-estar e nossa percepção de vida. Estudos sobre saúde integral indicam que as emoções e os pensamentos interferem diretamente no estado físico e que um corpo saudável proporciona uma base sólida para uma mente equilibrada e um espírito em paz.

O corpo é o fundamento, a nossa interface com o mundo. Quando cuidamos bem dele, com alimentação equilibrada, sono adequado e exercícios físicos, criamos um ambiente propício para que a mente funcione de maneira clara e que o espírito encontre paz. A saúde física pode limitar completamente nossa saúde mental e espiritual, ou trazer mais clareza, foco e amor-próprio.

A mente atua como a ponte entre o corpo e o espírito. Nossos pensamentos e emoções não apenas afetam nosso corpo, mas também refletem nosso estado espiritual. Práticas de meditação, auto-hipnose e gestão do estresse, por exemplo, são capazes de melhorar a clareza mental, além de

Corpo, mente e espírito **55**

favorecer um estado de tranquilidade e foco, essenciais para a saúde geral. E é claro que, se a saúde mental vai mal, nosso corpo e espírito sofrem as consequências.

Já o espírito oferece significado e propósito à nossa jornada. Cultivar o bem-estar espiritual – por meio de práticas de gratidão, meditação, fé ou conexão com a natureza – proporciona um senso de propósito e pertencimento que é fundamental para enfrentar os altos e baixos da vida. Isso nos traz maior resiliência emocional e torna mais fácil encontrar sentido em experiências difíceis.

A escolha de um método que integra corpo, mente e espírito é baseada em evidências que mostram como essa abordagem holística melhora a qualidade de vida de modo amplo. Ao identificar problemas e trabalhar cada uma dessas dimensões, você não apenas resolve casos isolados, mas constrói uma base sólida para um estado de bem-estar profundo e contínuo. Essa integração permite que cada aspecto do seu ser se fortaleça e apoie os outros, criando um ciclo positivo de autotransformação.

O QUIZ DA VIDA: MAPEANDO SEU PONTO DE PARTIDA

Você acaba de ganhar um presente que vai ajudá-lo a identificar onde colocar seus esforços para uma transformação mais certeira e profunda: o Quiz da Vida. Essa avaliação foi pensada para construir uma visão clara das áreas que estão em equilíbrio e daquelas que precisam de mais atenção. É uma ferramenta poderosa de mensuração autoperceptiva.

Para resgatar esse presente e entender como utilizar essa ferramenta, leia o QR Code e siga as instruções para começar sua jornada de autoconhecimento.

Use a câmera do seu celular para ler o QR Code ou digite
quiz.vivaldoneto.com.br
em seu navegador e confira o presente!

O Quiz da Vida será um guia para acompanhar seu progresso durante a leitura e a prática do método, ajudando você a visualizar seu crescimento ao longo do tempo. Para responder ao seu quiz, use como base o gráfico a seguir. Ele conta com nove áreas fundamentais para seu bem-estar: sono, atividade física, amor (relacionamentos e amor-próprio), alegria (satisfação com a vida), gratidão, ação (capacidade de transformar planos em realidade), emoção (gestão emocional), razão (clareza e foco mental) e alimentação.

Dê uma nota de 0 a 10 para cada área, seguindo as instruções apresentadas a seguir, e marque as notas no gráfico, ligando os pontos em cada área. O resultado será um polígono que mostra quais áreas estão mais equilibradas e quais precisam de mais atenção. Quando finalizar o teste, compartilhe seu resultado nas redes sociais e me marque nos *stories* (@porvivaldoneto). Vou adorar ver seu crescimento e celebrar suas conquistas com você. Essa é uma forma de inspirar outras pessoas a também buscarem equilíbrio e transformarem suas vidas.

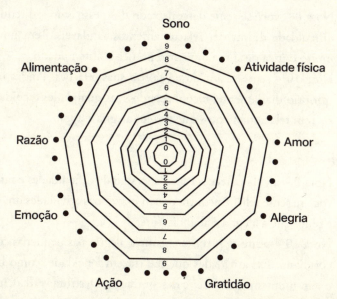

Sono

- Nota 0 – você raramente consegue dormir bem. Seu sono é muito interrompido ou insuficiente (menos de quatro horas por noite). Você acorda sempre cansado e sente que a falta de descanso afeta sua concentração e seu humor ao longo do dia;

- Nota 10 – você dorme profundamente todas as noites, por volta de sete a nove horas, e acorda se sentindo revigorado. Seu sono é contínuo, sem interrupções, e você sente que seu corpo e sua mente descansam plenamente.

Atividade física

- Nota 0 – você leva uma vida totalmente sedentária, sem praticar atividades físicas de qualquer tipo. Sente falta de energia, cansaço e, possivelmente, dores no corpo em razão da falta de movimento;
- Nota 10 – você pratica atividades físicas regularmente, de três a cinco vezes por semana, com exercícios que lhe dão prazer, como caminhada, corrida, musculação ou ioga. Sente-se fisicamente ativo e percebe melhorias na sua disposição e no bem-estar geral.

Amor

- Nota 0 – você se sente desconectado das pessoas ao seu redor e tem dificuldade de manter relacionamentos saudáveis. Tem uma visão muito crítica de si mesmo e não pratica o autocuidado;
- Nota 10 – sente-se amado e valoriza suas relações. Pratica o amor-próprio diariamente, reconhecendo suas qualidades e cuidando de si. Tem relacionamentos que trazem alegria e apoio.

Alegria

- Nota 0 – a vida parece ser uma sucessão de dificuldades e raramente você se sente feliz. Encontra pouco prazer nas atividades do dia a dia e sente que a alegria é algo distante;
- Nota 10 – sente-se pleno e encontra alegria nas pequenas coisas do cotidiano. Faz atividades que lhe trazem felicidade, como hobbies, e têm momentos de lazer e descontração. Desfruta verdadeiramente da vida e do que ela lhe oferece.

Gratidão

- Nota 0 – dificilmente consegue se sentir grato pelas coisas que tem. Coloca mais foco nas coisas que faltam do que aquilo que já conquistou. Sente que a vida é uma série de desafios sem recompensas;

- Nota 10 – pratica a gratidão diariamente, reconhecendo e apreciando tanto os momentos simples quanto as grandes conquistas. A gratidão é parte fundamental da sua rotina e traz mais leveza e satisfação à sua vida.

Ação

- Nota 0 – você sente que, por mais que tenha boas ideias e intenções, raramente consegue colocá-las em prática. Procrastina constantemente e tem dificuldade de transformar planos em ações concretas;
- Nota 10 – você é proativo e determinado. Consegue transformar planos e sonhos em ações práticas, sempre avançando em direção aos seus objetivos. Mantém uma atitude de "fazer acontecer" e sente satisfação com seus resultados.

Emoção

- Nota 0 – você se sente constantemente sobrecarregado pelas emoções e muitas vezes não consegue controlar suas reações. Situações de estresse ou conflitos têm um grande impacto sobre seu humor e bem-estar;
- Nota 10 – você gerencia suas emoções com tranquilidade, mesmo em momentos de estresse. Consegue reconhecer e processar seus sentimentos de maneira saudável e raramente sente que eles fogem do controle.

Razão

- Nota 0 – sua mente está constantemente confusa e dispersa. Você tem dificuldade de manter o foco nas atividades diárias, o que impacta seu trabalho e suas decisões. Muitas vezes, sente que está "perdido" ou desmotivado;
- Nota 10 – você tem uma mente clara e focada. Consegue organizar suas ideias com facilidade e tomar decisões rapidamente. Encontra motivação para aprender coisas novas e se sente em pleno controle dos seus pensamentos.

Alimentação

- Nota 0 – sua alimentação é desbalanceada e composta majoritariamente de alimentos ultraprocessados. Você não tem muito controle intencional do que come e não costuma ingerir frutas, legumes ou proteínas de qualidade. Sente-se frequentemente sem energia e pesado após as refeições;
- Nota 10 – sua alimentação é intencional e rica em alimentos naturais e variados, como frutas, vegetais, grãos integrais e proteínas magras. Você se sente leve e com energia após as refeições e tem uma relação positiva com a comida.

Com base no gráfico que você montou, será possível ver claramente quais aspectos da sua vida precisam de mais cuidado. O Quiz da Vida é um mapa do seu estado atual, que vai ajudá-lo a acompanhar as melhorias que virão com o aprofundamento em cada pilar desse método. A ideia é trabalhar para expandir esse polígono, aumentando as notas em cada área ao longo do tempo, até alcançar um equilíbrio maior.

Cada ponto do polígono é uma manifestação das dimensões corpo, mente e espírito (como mostra o quadro a seguir), que se entrelaçam em um jogo de equilíbrio constante, em que uma pode atuar como um *nó crítico* de todas as outras. Na administração e gestão de sistemas complexos, o termo "nó crítico" é usado para se referir às causas de um problema sobre as quais é possível atuar. Esse conceito é essencial para identificar pontos centrais que afetam simultaneamente diversas áreas. Como você é um universo particular, a ideia de nó crítico cabe muito bem, pois evidencia que estamos lidando com áreas de extrema atenção e que podem estar sendo negligenciadas por falta de atenção ou por mera suposição de falta de importância.

CORPO	MENTE	ESPÍRITO
Sono	Razão	Amor
Alimentação	Emoção	Alegria
Atividade física	Ação	Gratidão

Cada elemento de corpo, mente e espírito mostrado no quadro pode ser visto como um possível nó crítico em sua vida – um ponto de impacto – que, ao ser transformado, gera efeitos em cascata em todas as dimensões. Não temos culpa de carregar nós críticos, mas é nossa responsabilidade agir para desatá-los. Embora muitas pessoas tenham consciência de que é preciso mudar, a mudança não ocorre por falta de clareza de como fazer. Saber que preciso ressignificar meu merecimento parece ótimo, mas como faço isso na prática? Como podemos desatar as amarras e os nós críticos que estamos carregando e que vêm emperrando nossas vidas? É o que vamos ver a seguir.

EXERCÍCIO PRÁTICO: IDENTIFIQUE EMOÇÕES

Antes de seguirmos para cada passo do método corpo, mente e espírito, gostaria de propor uma atividade. Olhe para as áreas da sua vida que hoje são nós críticos e identifique as emoções associadas a elas, como medo, tristeza, raiva, nojo ou surpresa, e explore o que elas representam para você. Por exemplo: vamos supor que você sinta tristeza. Então, questione-se: "Tristeza pelo quê?". Talvez você descubra que se sente triste por não conseguir expressar a alegria que gostaria ou por algo que sente estar faltando.

"Neto, e se eu não souber de algum trauma, se eu não me lembrar de nada dessa emoção que sinto?" Nesse caso, você vai fechar os olhos, se concentrar, se conectar ao máximo com essa emoção que mapeou e dar o comando à sua mente da seguinte maneira: "Vá para a primeira vez que sentiu isso". Você pode fazer uma contagem regressiva ou simplesmente esperar que a sua mente traga o trauma ou a memória associada (lembrando que nem sempre será a memória de um evento extremo, pode ser algo trivial).

Você pode repetir esse processo quantas vezes forem necessárias, mergulhando em diferentes memórias e emoções. Cada liberação é um passo a mais em direção a uma vida mais leve, com menos limitações e mais clareza para agir com confiança. Que tal repetir o processo uma vez para cada emoção? Para facilitar o processo, você pode acessar um áudio especial que separei para você.

Use a câmera do seu celular para ler o QR Code ou digite https://youtu.be/2CJzqQ4ZN34 em seu navegador e confira!

Agora, responda a estas perguntas:

1. Se o gênio da lâmpada aparecesse na sua frente e concedesse apenas um desejo para usar em uma das áreas do Quiz da Vida, qual das nove você escolheria mudar? Por quê?

_____

_____

_____

_____

2. Qual ação imediata você pode tomar em relação a essa área para começar seu processo de mudança?

_____

_____

_____

_____

Se fizer sentido para você, comprometa-se a mudar essa área o quanto antes. Ela pode ser a chave que vai desbloquear o bem-estar em todas as outras.

"Conhece-te a ti mesmo e conhecerás o universo e os deuses."

– Sócrates[27]

---

[27] SÓCRATES. *In:* PENSADOR. Disponível em: www.pensador.com/frase/MTAwNjc/. Acesso em: 25 fev. 2025.

Lembre-se sempre do conceito de custo de oportunidade: o custo de fazer uma coisa é deixar de fazer outra.

O poder do egoísmo consciente
@porvivaldoneto

PARTE 1

O corpo: nosso canal de comunicação com o mundo

Vamos começar do começo – sua morada, seu pilar de sustentação, a materialização da sua imagem pessoal e da sua identidade: seu corpo.

O corpo é muito mais do que um conjunto de órgãos e sistemas. Ele é nossa principal interface com o mundo, um canal poderoso que nos conecta ao ambiente por meio dos cinco sentidos: visão, audição, olfato, paladar e tato. Esses canais de percepção são as janelas que nos permitem experimentar a realidade, moldar nossas respostas emocionais e criar memórias. Cada sensação captada pelo corpo tem o poder de influenciar diretamente a mente e o espírito, transformando nossa maneira de perceber e interagir com o mundo. O corpo sempre encontra um jeito de liberar o que a mente reprime. E, quando isso acontece, ele o faz da pior maneira possível: por meio da dor.

Por isso, quando cuidamos do corpo, ele responde proporcionando clareza mental, estabilidade emocional e sensação de propósito. Um corpo saudável é como um templo que acolhe mente e espírito, permitindo que nossa essência se expresse plenamente.

Se você sente que sua vida vai mal, que não se reconhece mais no espelho, talvez cuidar do corpo pode ser seu ponto de virada. O corpo é a materialização da identidade, então o que você sente quando se olha no espelho, ou quando toca seu próprio corpo, pode dizer muito sobre você mesmo – tanto para o bem quanto para o mal.

Muitos sintomas físicos têm, comprovadamente, origem emocional, o que só mostra o quanto o corpo age como interface entre mente e espírito. Já cheguei a realizar atendimentos de clientes que sofriam de dores em todo o corpo – como no caso da fibromialgia – e que, ao resolverem seus conflitos emocionais, tiveram melhora ou até resolveram completamente o sintoma físico.

Seu corpo diz muito sobre você e pode estar gritando para que você olhe questões que insiste em não olhar. Escutá-lo pode ser muito valioso e cuidar dele é um grande sinal de amor-próprio e de autovalorização. Se você estiver com o corpo saudável, terá uma chance maior de viver mais – sim, cuidar do corpo dá mais tempo de vida. É até uma conclusão meio óbvia, mas a grande sacada que poucas pessoas têm é que, ao cuidar do corpo, além de ganhar tempo, você ganha algo ainda mais valioso: tempo de *qualidade*.

Com seu corpo em ordem, você consegue desfrutar de tempo a mais, em vez de desfrutar de um tempo curto que se torna sofrido. Concordo com a ideia de que o tempo é a única moeda que gastamos sem saber quanto nos sobra, mas quanto melhor estiver seu corpo, maior a chance de aumentar o saldo restante de tempo, não é mesmo?

Mas o que quero dizer com "cuidar do corpo"? É só uma questão do peso na balança? Não.

A seguir, vou me aprofundar nas três áreas fundamentais que impactam diretamente a saúde do seu corpo, já apresentadas no capítulo anterior: sono, alimentação e atividade física. Cada uma influencia a outra, e poderíamos escrever um livro à parte sobre cada uma delas, mas quero simplificar para que você possa identificar e pôr em prática os ajustes necessários.

06.
Sono

"**C**omo vou dormir? Estou em uma guerra!" – foi o que eu ouvi de um empresário aflito que me procurou em meio a uma dívida gigantesca. A angústia estampada no rosto dele refletia noites em claro, ansiedade e a pressão de um mundo que não lhe dava trégua. Na cabeça dele, descansar era um luxo impossível diante da urgência dos problemas. Mas foi aí que respondi: "Você está em uma guerra? Então é exatamente por isso que você precisa dormir".

Ele ficou surpreso e pareceu meio na dúvida. Afinal, o senso comum ensina que, em tempos de crise, é preciso sacrificar tudo, até mesmo o sono, para encontrar soluções. Ele não dormia e chegava o mais cedo possível à empresa, mas acabava sendo improdutivo, se sentia cansado, brigava bastante com os funcionários e estava muito irritado porque parecia que a situação não tinha saída. A realidade é que essa visão de trocar sono por performance é uma armadilha, uma ilusão que leva à exaustão e ao colapso.

Expliquei a ele que, sem sono adequado, a capacidade de nossa mente de tomar decisões, focar e lidar com as emoções fica limitada. Torna-se uma máquina enferrujada, incapaz de criar estratégias ou lidar com a pressão, que tende a acumular mais raiva e estresse. O corpo, por sua vez, enfraquece, perdendo a capacidade de suportar o peso do estresse. E, para uma batalha intensa, seja ela qual for, é o equilíbrio entre a mente e o corpo que faz a diferença.

Como ganhar uma guerra enfraquecendo? Deveria ser o contrário: se vou para a batalha, preciso estar o melhor possível para aumentar minhas chances de vitória.

Nas nossas sessões, além de ajustar a rotina de descanso, identificamos a causa emocional que estava tirando seu sono. Trabalhamos com técnicas para liberação emocional, como a revisitação de memórias. Ele havia acumulado tanto medo, tanta culpa, que isso tinha virado um fardo insustentável. Ao trazer essas emoções à superfície e ressignificá-las, ele começou a se libertar de pensamentos que o prendiam ao passado. Cada memória ressignificada era como um peso a menos em sua mochila, permitindo que ele enxergasse a situação com novos olhos.

Então propus a ele um desafio: por pelo menos uma semana, seu único foco seria ter um sono de qualidade, mesmo que isso implicasse chegar mais tarde à empresa. Após relutar um pouco, ele aceitou. No fim daquela semana, ele me relatou que dia após dia, a cada noite de sono recuperada, sentia a mente mais calma, o corpo com mais energia e, finalmente, a ansiedade e a insônia diminuírem. As ideias voltaram a fluir, as negociações se tornaram mais eficazes, e ele conseguiu enxergar soluções que antes pareciam impossíveis. Com esse novo fôlego, ele começou a virar o jogo contra a dívida, e a empresa voltou a dar lucro.

Em poucos meses, aquele empresário que antes achava que "tempo de descanso era tempo perdido" estava colhendo os frutos da mudança. Ele começou a priorizar seu sono e seu corpo e cuidar de si mesmo primeiro, o que trouxe um bom resultado para sua mente e seu espírito. Ao fim do processo, a dívida foi superada, mas o mais transformador foi perceber que o sono, junto com a liberação das emoções reprimidas, não era apenas um remédio para o corpo e a mente, mas a chave para retomar as rédeas da própria vida. Foi uma lição poderosa.

Como diz Matthew Walker em *Por que nós dormimos*,[28] dormir é um direito biológico inegociável, e não um luxo. O sono não é algo que você deve negociar porque essa negociação pode arruinar todas as outras áreas da sua vida.

A verdadeira força para vencer nossas maiores batalhas começa quando nos permitimos fechar os olhos, relaxar o corpo e dar à mente a chance de recomeçar. Quando estou muito tenso antes de dormir, gosto de fazer uma meditação, esvaziando os pensamentos e dando o seguinte comando: "Amanhã eu resolvo isso", sabendo que com a mente e o corpo descansados

---

[28] WALKER, M. **Por que nós dormimos**: a nova ciência do sono e do sonho. Rio de Janeiro: Intrínseca, 2018.

poderei ter melhores soluções. E foi assim, ao colocar o descanso como prioridade, que meu cliente não apenas superou a dívida, mas se tornou o empresário que sempre quis ser, exemplo para seus colaboradores, orgulhoso de si, detentor da própria narrativa e com a mente e o coração em paz.

Lembre-se: a chave da transformação foi o sono. Estamos falando de um estado natural de restauração do corpo e da mente, tão fundamental quanto respirar. É uma habilidade tão importante que já vem "instalada de fábrica" – até um bebê sabe dormir. No entanto, em tempos modernos, o sono tem sido frequentemente negligenciado, e as pessoas até se vangloriam por não dormir direito, romantizando um ato de desamor consigo mesmas.

Um sono reparador atua em cada uma das áreas das nove camadas da vida que vimos anteriormente, por isso pode ser a chave para uma transformação profunda.

Quando falamos do corpo, o sono desempenha um papel crucial, tanto na recuperação muscular quanto na regulação do peso e do metabolismo como um todo. Durante as fases mais profundas do sono, o corpo libera hormônios como o GH (hormônio do crescimento), essencial para a regeneração celular e a recuperação muscular. Esse processo é vital para quem pratica atividades físicas, pois garante que os músculos se recuperem de lesões e se fortaleçam.

Além disso, o sono impacta a alimentação, porque, ao regular o metabolismo, ajuda na sensação de saciedade. A falta de sono altera os níveis de leptina e grelina, hormônios que controlam a fome e o apetite, por isso noites maldormidas podem levar a um desejo maior de alimentos ultraprocessados e ricos em calorias, sabotando uma alimentação equilibrada. Pense comigo: se você não dorme, seu corpo não se recupera, então vai pedir açúcar, gordura etc. para compensar a falta de energia.

A prática de atividade física também é diretamente influenciada pela qualidade do sono. Pessoas que dormem bem têm mais disposição para se movimentar e praticar atividades esportivas, o que melhora a circulação sanguínea e o funcionamento geral do corpo. Em resumo, o sono de qualidade é o que mantém o corpo em equilíbrio, oferecendo a energia necessária para viver cada dia de maneira plena.

No que se refere às ações, o sono é a base de uma atitude proativa e determinada. Pessoas que dormem bem se sentem mais motivadas para transformar seus planos em realidade, procrastinam menos e enfrentam a vida com mais energia e entusiasmo. O sono é, portanto, um combustível essencial para avançar em direção aos nossos sonhos e metas, ou seja, sua procrastinação e autossabotagem podem estar sendo concretizadas pelo seu sono.

Ainda vamos falar da importância da mente e do espírito na transformação pessoal, mas vale mencionar a importância que o sono tem para nossa saúde mental e espiritual. Uma noite de sono adequada é capaz de melhorar a clareza mental, facilitar a tomada de decisões (razão) e manter a mente focada nos objetivos diários – durante o sono REM, o cérebro processa informações e emoções vivenciadas ao longo do dia, organizando memórias e fortalecendo a aprendizagem. Isso é essencial para manter a mente afiada e resiliente. Sua falta de foco pode ser, na verdade, apenas falta de sono adequado.

Na gestão emocional, o sono ajuda a regular a produção de cortisol, o hormônio do estresse, e é por isso que quando dormimos mal ficamos mais vulneráveis a explosões emocionais e a sentir medo, tristeza e raiva, aumentando a ansiedade e até a depressão. Em contrapartida, uma noite de sono reparadora promove um equilíbrio emocional que nos permite enfrentar os desafios diários com serenidade, porque o sono profundo é também um portal para o bem-estar espiritual. Acordar descansado nos torna mais propensos a reconhecer as pequenas belezas da vida, como o calor do sol ao amanhecer e a brisa suave de uma manhã. Essa gratidão, por sua vez, fortalece nossa conexão com a vida que temos e com aqueles ao nosso redor, promovendo a sensação de amor-próprio e compaixão. Logo, um sono reparador nos permite enxergar o mundo de maneira mais positiva, cultivar relacionamentos saudáveis e encontrar alegria nas pequenas coisas, vivenciando a vida com mais leveza e satisfação e desfrutando de cada momento.

EXERCÍCIOS PRÁTICOS PARA AJUSTAR O SONO: DESLIGANDO O ALERTA E ATIVANDO O DESCANSO

Dormir é uma habilidade natural. Não precisamos aprender a dormir, mas sim reaprender a permitir que o sono aconteça de modo natural. Se você está enfrentando dificuldade para dormir, é um sinal de que seu sistema está em alerta constante. Isso ocorre quando o sistema nervoso autônomo simpático, responsável pelo estado de alerta, permanece ativado, como se um leão estivesse prestes a lhe atacar.

O objetivo dos exercícios a seguir é ajudar você a desligar esse sistema de alerta e ativar o sistema nervoso parassimpático, que induz ao descanso e à recuperação. Aqui estão algumas práticas simples para transformar suas noites:

1. **Higiene do sono:** desconecte-se de eletrônicos pelo menos uma hora antes de dormir e crie uma rotina de relaxamento (pode ser com um banho quente, lendo um livro ou ouvindo uma música suave para se preparar para dormir). Regule a temperatura do ambiente em que dormirá, colocando-a entre 18 e 22 graus, pois um local muito quente ou muito frio deixa nosso corpo e nossa mente em alerta. Invista em um bom colchão e um bom travesseiro, afinal, o conforto físico é essencial para uma boa noite de sono. Anote tarefas e pensamentos alarmantes em um papel ao lado da cama até "esvaziar a mente" e use o comando "Amanhã eu resolvo isso". Por fim, exponha-se à luz solar pela manhã, logo após acordar, porque isso ativa os neurônios-relógio do seu cérebro, ajudando a regular o ciclo circadiano e sinalizando ao corpo quando é hora de estar acordado e quando é hora de dormir;

2. **Técnicas de respiração profunda (*breathwork*):** a respiração é uma ferramenta poderosa para sair do estado de alerta. Recomendo a técnica da respiração 4-7-8: inspire pelo nariz contando até quatro, segure por sete segundos, e expire pela boca por oito. Isso acalma o ritmo cardíaco. Outra opção é a respiração diafragmática: coloque uma mão no peito e outra no abdômen, inspire profundamente, sentindo o abdômen se expandir, e expire lentamente. Faça isso por 5 a 10 minutos;

3. **Auto-hipnose para um sono profundo:** vou lhe dar de presente minha melhor auto-hipnose para dormir profundamente. Acesse o QR Code a seguir ou, se preferir, siga estas instruções: deite-se confortavelmente, feche os olhos e respire fundo algumas vezes. Imagine uma escada e visualize cada degrau que desce, dizendo a si mesmo: "Estou ficando mais relaxado". Quando chegar ao fim da escada, visualize um lugar tranquilo, como uma praia ou floresta. Sempre reforçando o comando "Durma", abra e feche os olhos várias vezes,

deixando suas pálpebras ficarem cada vez mais pesadas. Permaneça nesse estado até adormecer;

Use a câmera do seu celular para ler o QR Code ou digite www.youtube.com/watch?v=DLS-byHSZlI em seu navegador e confira!

4. **Aromaterapia:** aromas de lavanda, camomila e cedro ajudam a criar um ambiente de tranquilidade e calma. Use um difusor com óleos essenciais no quarto ou aplique algumas gotas do óleo na mão, no peito ou no travesseiro.

Essas práticas são convites para que você recupere sua habilidade natural de dormir bem. Lembre-se: o sono é um direito, uma necessidade fundamental para uma vida equilibrada e feliz.

Cuide do seu sono e veja como essa mudança se reflete em todas as áreas da sua vida, no seu corpo, na sua mente e no seu espírito. Mudar seu sono muda você e muda o mundo.

"Durma bem, viva melhor."

– Matthew Walker[29]

---

[29] *Ibidem.*

A realidade é que essa visão de trocar sono por performance é uma armadilha, uma ilusão que leva à exaustão e ao colapso.

O poder do egoísmo consciente

@porvivaldoneto

07.
Alimentação

> ## "Que seu alimento seja seu remédio e que seu remédio seja seu alimento."
>
> – Hipócrates[30]

Durante muitos anos, a alimentação foi um ponto cego para mim. Eu comia para matar a fome, ou para me satisfazer, sem questionar o que estava colocando no meu prato. A virada veio quando, ao visitar uma nutricionista, percebi que não sabia nem mesmo a diferença entre carboidrato e proteína. Aquilo que parecia óbvio para tantos era um mistério para mim. Foi como se eu tivesse aberto uma porta para um mundo novo, em que cada alimento não era apenas uma fonte de energia, mas uma forma de comunicação com meu corpo, minha mente e meu espírito.

Essa jornada me ensinou que a comida tem um poder que vai muito além de matar a fome: ela influencia nossa saúde física, nosso humor, nossa capacidade de tomar decisões e até a maneira como lidamos com as emoções. Alimentar-se bem é um ato de amor-próprio, um investimento em todas as áreas da vida. E esse entendimento é essencial para quem busca viver de maneira plena.

Lembro-me de um cliente que chegou ao meu consultório com uma compulsão alimentar severa. Ele era um homem de sucesso, mas as pressões do dia a dia o levaram a encontrar conforto na comida, e comer virou uma válvula de escape para lidar com o estresse. Ele chegava em casa após um dia exaustivo e devorava qualquer coisa que encontrasse na geladeira, em busca de uma sensação de alívio que nunca vinha. Durante nossas sessões, além de ajustes na alimentação, trabalhamos com liberação emocional e revisitação de memórias. Por meio dessas dinâmicas, ele se reconectou com sentimentos

---

[30] NERBASS, F. B. "Que seu remédio seja seu alimento, e que seu alimento seja seu remédio". **Pró-rim**, 1 set. 2014. Disponível em: https://prorim.org.br/que-seu-remedio-seja-seu-alimento-e-que-seu-alimento-seja-seu-remedio/. Acesso em: 26 fev. 2025.

reprimidos que o empurravam para a comida, sentimentos que por anos foram ignorados ou camuflados pelo hábito de comer em excesso.

O processo foi transformador. Com o tempo, ele começou a entender que a compulsão alimentar era um reflexo de uma fome muito mais profunda: a de atenção e autocuidado. Redescobrindo uma relação mais saudável com a alimentação, ele também redescobriu a si mesmo. As mudanças na alimentação impactaram cada área da sua vida, e ele percebeu que o que comia afetava não só seu corpo, mas também sua mente e seu espírito.

No caso desse cliente, na infância ele associou comida a afeto, e na vida adulta buscava no prato de comida o afeto que parecia lhe faltar. Mas o vazio nunca era preenchido, e o peso do corpo só aumentava, refletindo o peso emocional que ele carregava.

A alimentação é a chave para um bem-estar completo. Quando a ajustamos, observamos um impacto positivo que reverbera em cada uma das camadas da nossa existência. Cada refeição é uma mensagem para nosso corpo, fornecendo os nutrientes necessários para as funções vitais. Alimentos ricos em proteínas de boa qualidade, vegetais frescos e gorduras saudáveis são fundamentais para manter a energia e promover a recuperação muscular após atividades físicas. Uma dieta equilibrada também favorece o sono, proporcionando um descanso mais profundo e reparador. Quem nunca teve uma noite agitada após comer em excesso ou escolher alimentos pesados antes de deitar-se? Por outro lado, refeições leves e nutritivas, ricas em triptofano, favorecem a produção de melatonina, o que nos ajuda a dormir melhor. É incrível como a alimentação tem um efeito direto na qualidade do sono e, por consequência, na nossa disposição para as atividades do dia a dia.

No livro *10% humano*,[31] Alanna Collen argumenta que a saúde mental está intimamente ligada à microbiota intestinal, composta de trilhões de micro-organismos que habitam nosso corpo (veja aqui mais uma prova de que cada pessoa é um universo particular). Ela apresenta estudos científicos que mostram como esses micro-organismos desempenham um papel crucial na regulação do sistema imunológico e na produção de neurotransmissores, como a serotonina.

---

[31] COLLEN, A. **10% humano**: como os micro-organismos são a chave para a saúde do corpo e da mente. Rio de Janeiro: Sextante, 2016.

Collen também mostra que a alimentação influencia diretamente a saúde mental por meio da composição da microbiota intestinal: dietas ricas em alimentos processados ou pobres em fibras podem causar desequilíbrios microbianos, contribuindo para problemas como depressão, ansiedade e transtornos neurológicos. Assim, uma dieta balanceada, rica em fibras e alimentos naturais, é essencial não apenas para a saúde física, mas também para o bem-estar mental. Aquilo que ingerimos pode clarear ou nublar nossos pensamentos, influenciando nossa capacidade de raciocínio. Alimentos ricos em antioxidantes e ômega-3, como nozes, peixes e frutos vermelhos, são verdadeiros aliados da saúde cerebral, protegendo contra o envelhecimento precoce e melhorando a memória. Eles nos ajudam a pensar de maneira mais rápida, tomar decisões mais precisas e encarar os desafios do cotidiano com mais leveza.

Além disso, quando cuidamos da qualidade do que comemos, a produção de neurotransmissores como a serotonina, diretamente ligada ao bem-estar, se mantém equilibrada. Por isso, uma dieta rica em vegetais, grãos integrais e gorduras boas tem sido associada a uma maior resiliência emocional e até à redução da ansiedade e da depressão. Uma mente equilibrada nos ajuda a lidar melhor com os desafios emocionais, permitindo-nos sair do modo reativo e viver de maneira mais consciente.

No campo da ação, a alimentação é como o combustível de um carro: uma dieta equilibrada nos dá a energia necessária para transformar planos em realidade e manter a motivação em alta. Alimentar-se bem nos torna mais dispostos a enfrentar o dia, realizar nossos projetos e dar o nosso melhor em tudo que fazemos. O oposto também é verdade: quando exageramos no almoço, acabamos ficando indispostos durante o resto do dia. Quem nunca comeu exageradamente em um churrasco e depois ficou indisposto? Isso pode parecer sutil, mas sua alimentação pode ser a chave contra a procrastinação e a autossabotagem.

A conexão entre alimentação e espírito talvez pareça distante para algumas pessoas, mas não é menos importante – pelo contrário, quando nos alimentamos de modo consciente, ficamos mais presentes e conectados com o ato de nutrir nosso corpo. Cada refeição pode se tornar um momento de gratidão pela abundância da natureza e por nossa própria capacidade de escolher aquilo que nos faz bem. Esse sentimento de gratidão se estende a outras áreas da vida, nos ajudando a valorizar as coisas simples e a cultivar uma sensação de contentamento.

Cuidar da alimentação também contribui para desenvolvermos o amor- -próprio. Quando escolhemos alimentos que nos fazem bem, estamos dizendo a nós mesmos que merecemos o melhor. E esse cuidado se reflete em uma maior compaixão por nós e pelos outros. Do mesmo modo, uma alimentação equilibrada desperta alegria nas pequenas coisas, pois nos sentimos mais leves e em harmonia com nosso corpo. A cada escolha consciente, fortalecemos nosso espírito e nos conectamos com a nossa essência. Em outro momento neste livro, provarei que isso é verdade com uma história que vivi enquanto comia salada.

Depois de alguns meses de ajustes na alimentação e de trabalho profundo em suas emoções, o cliente que comentei viu a compulsão alimentar diminuir e, com ela, o peso emocional que carregava. Ele começou a sentir mais disposição, a dormir melhor e, finalmente, viver uma vida mais equilibrada. A comida deixou de ser um refúgio e passou a ser uma fonte de energia e prazer. Ele percebeu que cuidar do que colocava no prato era uma maneira de cuidar de cada aspecto da sua vida. Alimentação e emoções caminham lado a lado, e, ao encontrar um novo equilíbrio, ele não só superou seus problemas alimentares, mas também se redescobriu como pessoa.

EXERCÍCIOS PRÁTICOS PARA TRANSFORMAR SUA ALIMENTAÇÃO

1. **Aproveite o momento:** durante as refeições, respire fundo e observe os alimentos que estão no seu prato. Perceba as cores, as texturas, os cheiros. Mastigue devagar, saboreando cada mordida. Isso ajuda a perceber os sinais de saciedade e a desenvolver uma relação mais saudável com a comida;

2. **Pratique a gratidão:** antes de cada refeição, pense profundamente, fale em voz alta ou até escreva algo pelo qual você é grato em relação ao que você vai comer, como o sabor ou a energia que esse alimento proporciona. Essa prática ajuda a criar um estado de gratidão que se expande a outras áreas da vida. Se fizer sentido para você, faça essa

reverência com uma oração: "Obrigado, Senhor, pelo alimento que estou comendo";

3. **Planeje as refeições da semana:** pense com antecedência no que você vai comer para garantir uma variedade de nutrientes em cada prato. Isso evita escolhas impulsivas e facilita a manutenção de uma dieta equilibrada, contribuindo para a clareza mental e a disposição física;

4. **Faça trocas inteligentes:** troque alimentos ultraprocessados por opções mais naturais. Em vez de batatas fritas, opte por cenouras crocantes; em vez de refrigerante, escolha uma água aromatizada com limão, por exemplo. Pequenas mudanças trazem grandes benefícios para o corpo e a mente.

Esses exercícios são convites para que você redescubra o poder transformador da alimentação em sua vida. Se estiver ao seu alcance, procure um profissional da nutrição; tenho certeza de que será transformador.

Cada escolha à mesa é um passo em direção a uma vida mais saudável, equilibrada e feliz. Afinal, somos aquilo que comemos, e cada refeição é uma oportunidade de nos nutrir e de cuidar de nós mesmos. Mudar sua alimentação muda você e muda o mundo.

"Somos o que comemos."

– Ludwig Feuerbach[32]

---

[32] OLIVEIRA, D. Entre a biologia e a cultura. **Ciência Hoje**, 2025. Disponível em: https://cienciahoje.org.br/acervo/entre-a-biologia-e-a-cultura/. Acesso em: 26 fev. 2025.

08.
Atividade física

> **"A vida é igual a andar de bicicleta. Para manter o equilíbrio, é preciso se manter em movimento."**
>
> – Albert Einstein[33]

A ciência é clara: a prática de atividade física é um dos segredos mais poderosos para uma vida longa e saudável. Um estudo publicado na revista *Circulation*, da American Heart Association, analisou dados de mais de 100 mil pessoas ao longo de trinta anos e constatou que aqueles que praticam o dobro das recomendações mínimas de atividade física moderada (300 a 600 minutos por semana) têm um risco até 31% menor de mortalidade precoce.[34] Isso evidencia que, ao nos mantermos ativos, estamos não apenas melhorando nossa qualidade de vida, mas também aumentando nosso tempo na Terra.

A prática de atividade física age como uma chave mestra que destranca portas em todas as áreas da nossa vida. Lembro-me de uma cliente que chegou ao meu consultório carregando um peso que ia muito além dos quilos a mais na balança. Ela lidava com uma compulsão alimentar severa e uma carga emocional que parecia esmagá-la. Em uma das sessões, perguntei a ela: "O que pesa mais: seu corpo ou suas emoções?". Esse questionamento trouxe à tona uma verdade que ela vinha ignorando há muito tempo: suas emoções reprimidas estavam alimentando sua relação destrutiva com a comida e com o próprio corpo.

Com o tempo, nossa jornada envolveu liberar essas emoções acumuladas e ressignificar memórias dolorosas que a acompanhavam desde a infância. Começamos a introduzir a atividade física como uma forma de libertação, e

---

[33] EINSTEIN, A. *In:* PENSADOR. Disponível em: www.pensador.com/frase/NzQ2Mjky/. Acesso em: 26 fev. 2025.

[34] HOLCOMBE, M. Estudo indica quanto exercício você precisa fazer para ter uma vida mais longa. **CNN Brasil**, 27 jul. 2022. Disponível em: www.cnnbrasil.com.br/saude/estudo-indica-quanto-exercicio-para-vida-mais-longa/. Acesso em: 26 fev. 2025.

não de punição. Não definimos metas de peso; a intenção era que ela sentisse o corpo em movimento e redescobrisse a força que sempre teve dentro de si. A cada caminhada, a cada sessão de exercícios, ela foi percebendo que o movimento não era apenas físico, mas também emocional e espiritual.

Como os outros fatores que venho apontando, a atividade física também impacta cada uma das camadas da vida. Comecemos pelo sono: quando nos exercitamos, nosso corpo demanda um descanso mais profundo e restaurador. Assim, o sono passa a ser mais reparador, ajudando o corpo a se recuperar e a mente a processar melhor as emoções do dia. Já na alimentação, os exercícios influenciam diretamente o modo como nos relacionamos com a comida. Pessoas que se movimentam regularmente têm mais consciência sobre o que consomem, escolhendo alimentos que nutrem e dão energia, em vez de buscar válvulas de escape calóricas para o estresse. Pense comigo: depois de ir à academia ou de fazer uma atividade física de alta intensidade, geralmente seu corpo pede bons alimentos, não? Quem nunca foi a um parque caminhar ou correr e sentiu vontade de comer uma salada nutritiva, ou mesmo tomar um suco natural?

O impacto da atividade física também se estende à mente. Exercitar-se melhora nossa clareza mental e capacidade de foco, ajudando na razão e na tomada de decisões, e também regula a produção de hormônios como a endorfina, conhecida por promover sensação de bem-estar e ajudar no equilíbrio emocional. Isso fortalece nossas emoções, diminuindo a reatividade e o estresse, e nos permite enfrentar os desafios com mais serenidade.

No campo da ação, a atividade física é um catalisador. Quando movimentamos nosso corpo, percebemos um aumento significativo na motivação e na disposição para transformar planos em realidade. Fazer atividade física já é uma maneira incontestável de ação, e isso se traduz em uma postura mais proativa diante da vida, em vez de uma atitude de espera e procrastinação.

Quanto ao amor, a prática de exercícios nos reconecta com nós mesmos e nos faz valorizar cada conquista, cada avanço, por menor que seja. Ao cuidarmos do corpo, estamos dizendo a nós mesmos que merecemos estar bem. E esse amor por si mesmo transborda para os relacionamentos, tornando-nos mais abertos e conectados com os outros.

Alegria e gratidão também se beneficiam do movimento. A cada corrida ao ar livre, a cada contato com a natureza, nosso corpo e nossa mente se abrem para reconhecer as pequenas belezas da vida. A sensação de bem-estar que a prática de exercício proporciona nos deixa gratos por simplesmente estarmos vivos, e a alegria se torna uma companheira constante.

Com o tempo, minha cliente – que antes se via prisioneira das próprias emoções e do peso do corpo – encontrou uma nova forma de enxergar a si mesma e a vida. Os exercícios não eram mais um fardo, mas um convite diário para se reconectar com sua força interior. Cada treino era um lembrete de que ela tinha o poder de transformar sua realidade, começando por algo tão simples quanto dar um passo. Perceba: tudo começou a mudar depois que ela se dedicou à atividade física.

EXERCÍCIOS PRÁTICOS PARA INCORPORAR A ATIVIDADE FÍSICA NA VIDA

Para ajudar você a iniciar essa jornada de transformação, trago algumas sugestões práticas que vão muito além do simples "vá à academia". O segredo é encontrar maneiras de se movimentar que façam sentido para você, criando um vínculo com essa prática.

1. **Desafie-se com pequenos passos:** em vez de estabelecer metas grandiosas de imediato, comece com algo pequeno. Pode ser uma caminhada de quinze minutos ao ar livre, três vezes por semana. Aumente gradualmente o tempo e a intensidade conforme o corpo se adapta. Esse método ajuda a criar um hábito que, aos poucos, se tornará indispensável na sua rotina.

2. **Movimente-se em grupo:** participar de aulas coletivas como dança, yoga ou um grupo de corrida é uma excelente maneira de socializar e manter-se motivado. A energia coletiva pode transformar uma atividade que parecia difícil em um momento de diversão e conexão.

3. **Transforme o exercício em um ritual de desfrute:** encontre atividades que você sente prazer em fazer. Desde futebol até natação, caminhada, corrida, bicicleta ou dança, quanto mais você se sentir conectado e gostar da atividade, mais você ficará totalmente presente e mais fácil será transformá-la em hábito. De qual modalidade você gostava quando criança? Quanto tempo faz que você não faz alguma atividade física

que lhe dá prazer? Eu lhe garanto que você gosta de alguma atividade física; se ainda não a encontrou, é só continuar buscando.

4. **Integre movimento ao seu dia:** nem sempre é preciso reservar uma hora inteira para se exercitar. Substitua o elevador pelas escadas, faça alongamentos enquanto assiste TV, enfim, faça algo dentro da sua possibilidade. Essas pequenas escolhas acumuladas fazem uma grande diferença ao longo do tempo.

5. **Combine atividade física com natureza:** se possível, movimente--se ao ar livre. Caminhar no parque, correr na praia ou andar de bicicleta em uma trilha são maneiras de conectar corpo e espírito, aumentando a sensação de bem-estar e satisfação.

Atividade física é mais do que um conjunto de exercícios: é um convite para viver de maneira mais plena e presente. Quando nos movemos, não estamos apenas fortalecendo músculos, mas também liberando a alma das amarras do passado, recuperando nossa vitalidade e abrindo espaço ao novo, nos forçando a estar presentes. A cada passo, a cada batida do coração acelerado, encontramos um pouco mais de quem realmente somos. E isso, sem dúvida, é uma jornada que vale a pena. Mudar sua atividade física muda você e muda o mundo.

"Encontre um caminho."

– Diana Nyad[35]

---

[35] Diana Nyad é uma nadadora de longa distância norte-americana que ficou famosa por realizar um feito considerado impossível: a travessia a nado entre Cuba e o estado da Flórida, sem a proteção de uma jaula contra tubarões. A travessia de aproximadamente 177 quilômetros foi concluída em 2013, quando ela tinha 64 anos, após quatro tentativas anteriores fracassadas. Nyad enfrentou desafios extremos como águas infestadas por medusas venenosas, correntes marítimas e a exaustão física e mental de nadar por mais de 53 horas ininterruptas. Essa frase curta, mas poderosa, foi o lema de Diana durante sua travessia e simboliza a importância de nunca desistir, mesmo diante de desafios aparentemente impossíveis. Diana usou essa mentalidade para alcançar um feito que muitos consideravam impossível. Ela se moveu, mudou seus resultados e foi capaz de mudar a percepção do mundo todo por meio de sua atividade física. Sua conquista não envolve apenas a natação, mas também a perseverança e a superação dos próprios limites, e serviu de inspiração para muitas pessoas ao provar que a determinação e a força de vontade podem levar a feitos extraordinários, independentemente da idade ou dos obstáculos. Com preparo e coragem, é possível alcançar qualquer meta, mesmo aquelas que parecem inatingíveis.

Quando nos movemos, não estamos apenas fortalecendo músculos, mas também liberando a alma das amarras do passado, recuperando nossa vitalidade e abrindo espaço ao novo, nos forçando a estar presentes.

O poder do egoísmo consciente

@porvivaldoneto

PARTE 2

A mente: onde começa a nossa identidade

> "A candeia do corpo são os olhos; de sorte que, se os teus olhos forem bons, todo o teu corpo terá luz. Se, porém, os teus olhos forem maus, todo o teu corpo será tenebroso. Se, portanto, a luz que em ti há são trevas, quão grandes serão tais trevas!"
>
> – Mateus 6:22-23

A mente é como os olhos descritos por Mateus: é a lente pela qual enxergamos o mundo, o filtro que define o que percebemos e como interpretamos tudo ao nosso redor. Se a mente está clara, cheia de luz, nossa percepção da vida também se ilumina, e o corpo, nosso veículo físico, reflete essa harmonia. Mas quando nossa mente está confusa, presa em sombras de medos e ilusões, ela nos engana, criando uma escuridão que domina não apenas nossa visão do mundo, mas também nossa experiência interna.

O que torna a mente tão poderosa é seu poder de criar a realidade que experimentamos. A frase "a mente mente" não poderia ser mais verdadeira: ela muitas vezes projeta cenários que nunca acontecerão, distorce memórias e antecipa tragédias que jamais se concretizam. Um exemplo simples é uma pessoa muito ciumenta (talvez essa pessoa seja você). Ela cria cenários irreais e vive em busca de coisas que nunca chegam a se concretizar, tudo por conta do que "vê" na própria mente.

Uma investigação da Universidade Estadual da Pensilvânia descobriu que 91,4% das preocupações dos participantes nunca se concretizaram, destacando como a mente frequentemente exagera em cenários negativos.[36] Além disso, o psicólogo Robert L. Leahy, em seu livro *Como lidar com as preocupações*,[37] aponta que cerca de 85% das preocupações não se manifestam,

---

[36] MESSIAS, O. 91% das nossas preocupações nunca se materializam. **Aleteia**, 22 jul. 2021. Disponível em: https://pt.aleteia.org/2021/07/22/91-das-nossas-preocupacoes-nunca-se-materializam. Acesso em: 26 fev. 2025.

[37] LEAHY, R. L. **Como lidar com as preocupações**: sete passos para impedir que elas paralisem você. São Paulo: Artmed, 2007.

sugerindo que grande parte do que nos aflige é infundado. Esses achados reforçam a necessidade de aprender a controlar os pensamentos para promover o bem-estar mental. Percebeu que pode ser que você esteja "sofrendo à toa"?

Para entender melhor o funcionamento desse farol e dessa lente pela qual enxergamos o mundo, Gerald Kein, em sua abordagem hipnoterapêutica, dividiu a mente em três níveis principais: consciente, subconsciente e inconsciente.[38] Essa metáfora educativa é muito útil para aprenderemos mais a respeito de como nossa mente funciona.

A mente consciente, que é a parte racional, é a que utilizamos para fazer escolhas simples e cotidianas. Ela é essencial, mas limitada – alguns acreditam que representa apenas 5%, no máximo 10%, de nossa atividade mental. Já a mente subconsciente, que guarda nossas emoções, crenças, hábitos e memórias profundas, é a responsável por mais de 90% das nossas decisões, segundo Kein. É onde guardamos traumas, medos e programações emocionais.

Perceba que, independentemente da porcentagem exata de cada uma dessas "partes", faz-se notório o achado da ilusão do controle que temos sobre nossas ações, mostrando que muitas vezes estamos apenas refletindo em um nível abaixo da nossa consciência. Agimos por motivação subconsciente e justificamos com nosso consciente.

Desse modo, Kein traz uma visão importante sobre nós mesmos e nos convida a mergulharmos nas profundezas de nossa mente. Em seu modelo, fica evidente o quanto tendemos a agir de maneira "automática", sem a plena consciência dos nossos atos, os quais muitas vezes são como frutos que caem de uma árvore. Olhar para esse funcionamento mental é reconhecer as raízes dessa árvore, as causas das consequências (frutos) da sua vida.

Kein também postulou as 7 Regras da Mente para explicar o funcionamento mental e suas implicações no comportamento humano:[39]

---

[38] AMARAL, S. C. Modelo da mente: os três níveis da consciência humana explicados por Freud e Kein. **Jornal da Hipnose**, 2025. Disponível em: www.jornaldahipnose.com/hipnose/modelo-da-mente/. Acesso em: 26 fev. 2025.

[39] ARAÚJO, M. As 7 regras da mente segundo Gerald Kein. **Marcus Araújo**, 1 out. 2021. Disponível em: www.terapiabrevecomhipnose.com.br/post/as-7-regras-da-mente-segundo-gerald-kein. Acesso em: 28 mar. 2025.

1. **Todo pensamento ou ideia provoca uma reação física:** os pensamentos influenciam diretamente nossas funções corporais. Por exemplo, preocupações podem causar desconfortos estomacais, enquanto o medo pode acelerar os batimentos cardíacos. Isso comprova a interconexão corpo-mente-espírito.

2. **O que a mente espera que aconteça tende a se realizar:** nossas expectativas moldam nossa realidade. Se acreditamos que algo dará errado, aumentamos as chances de isso ocorrer, em razão do poder da expectativa mental. Essa regra é comumente associada ao efeito placebo, característica importante e amplamente evidenciada em estudos científicos.

3. **A imaginação é mais poderosa que o conhecimento ao lidar com a mente:** a mente subconsciente não distingue a realidade da imaginação vívida. Portanto, crenças imaginadas podem suplantar conhecimentos racionais, influenciando comportamentos e emoções. Aqui entendemos por que uma pessoa ciumenta age da maneira que age: porque apenas a imaginação é capaz de sobrepor a realidade.

4. **Uma vez que uma ideia é aceita pelo subconsciente, ela permanece até ser substituída por outra:** crenças enraizadas persistem e moldam comportamentos até que novas ideias sejam introduzidas e aceitas pelo subconsciente. Lembre-se da raiz de uma árvore: se você aparar as folhas ou o caule, ela voltará a crescer. O termo "subconsciente" passa a ideia de algo que está abaixo, como uma raiz.

5. **Cada sugestão aceita cria menos resistência às próximas:** quando o subconsciente aceita uma sugestão, torna-se mais receptivo a sugestões subsequentes, estabelecendo padrões de pensamento e comportamento. Aqui Kein explica o conceito de reforço positivo e o viés de confirmação: quanto mais eu aceito algo, mais fácil é aceitar algo novo sobre essa mesma coisa.

6. **Um sintoma emocional induzido tende a causar mudanças orgânicas se persistir por tempo suficiente:** emoções negativas prolongadas podem manifestar-se como sintomas físicos, evidenciando a conexão entre mente e corpo.

7. **Ao lidar com o subconsciente, maior esforço consciente resulta em menor resposta subconsciente:** tentar forçar mudanças por

meio da vontade consciente pode ser contraproducente; abordagens sutis e indiretas são mais eficazes para influenciar o subconsciente. Essa regra é uma chave importante, pois saber o funcionamento da mente dá clareza do que temos que fazer para mudar cada situação.

Compreender as 7 Regras da Mente permite que nos entendamos ainda melhor, e mostra uma visão que complementa o que venho demonstrando neste livro: somos interconectados, e nossa mente é o grande farol que ilumina todos os caminhos. Se você entender isso, entenderá a si mesmo, e o seu mundo mudará.

Para ampliar ainda mais essa visão sobre a mente, vamos visitar o conceito de inconsciente coletivo, de Carl Jung – uma dimensão mais profunda que conecta todos nós por meio de memórias e símbolos universais, os arquétipos, um depósito de sabedoria ancestral que pode nos guiar ou nos assombrar, dependendo de como o acessamos.

Pelo inconsciente, temos o poder de encontrar respostas para perguntas que nem sabíamos que tínhamos. Essa visão de Jung contribui para entendermos nossa conexão social e como nossa mudança pode reverberar em pessoas que nem conhecemos.[40] Freud, por outro lado, enfocou o inconsciente como um local onde os desejos reprimidos e as memórias traumáticas se escondem, influenciando nossa vida de maneira indireta e muitas vezes destrutiva.[41]

Perceba que, independentemente da abordagem, essas três propostas de divisões mentais (Kein, Freud e Jung) descrevem divisões que podem se comportar como atores em um filme: a mente consciente interpreta os papéis principais, enquanto o subconsciente e o inconsciente criam o cenário e a narrativa nos bastidores. E o que determina o enredo dessa peça é a qualidade dos pensamentos, das emoções e das ações que estamos dispostos a colocar

---

[40] MALUF, D. Os 12 arquétipos de Jung: qual é o seu? **Douglas Maluf**, 5 fev. 2021. Disponível em: www.douglasmaluf.com.br/os-12-arquetipos-de-jung-qual-e-o-seu/. Acesso em: 26 fev. 2025.

[41] SANTOS, A. C. Inconsciente: o que é e como ele age na nossa mente. **Psicólogas Vila Olímpia**, 16 jan. 2025. Disponível em: www.psicologasvilaolimpia.com.br/blog/inconsciente-o-que-e/. Acesso em: 26 fev. 2025.

em prática. Tudo aquilo que você vivenciou e experimentou moldou sua identidade mental, e isso influencia o filme que você vive hoje.

Minha intenção neste livro não é mostrar uma visão certa ou errada, pois todas têm seu papel e sua importância. O que devemos fazer é usar esse conhecimento em nossa vida.

Fica evidente, porém, que temos que olhar com mais atenção para sensações, pensamentos automáticos e pontos cegos, coisas sobre as quais não estamos plenamente conscientes no dia a dia.

A razão, a emoção e a ação são as formas como processamos e interagimos com o mundo, e por isso as escolhi como os três pilares mais importantes para analisarmos em busca da transformação pessoal. É o equilíbrio entre eles que define se nossa mente é uma aliada ou uma inimiga em nossa jornada, se estamos escolhendo voluntariamente a vida que criamos ou se estamos deixando o inconsciente nos levar e chamando isso de destino.

A razão é o filtro lógico da mente. É ela que analisa, toma decisões e busca soluções práticas para os desafios do dia a dia; é aquele movimento que fazemos quando pensamos voluntariamente, analisamos. No entanto, a razão, por si só, pode levar a uma vida seca, calculada e fria. O excesso de razão muitas vezes bloqueia o acesso às emoções, criando uma desconexão entre o que pensamos e o que sentimos. Quando permitimos que a mente consciente domine, sem integrar o subconsciente e o inconsciente, nos tornamos rígidos e limitados, incapazes de acessar a criatividade e a intuição. Sem falar que não percebemos que estamos tentando "tapar o sol com a peneira", pois, como demonstrei anteriormente, nem sempre resolvemos nossos problemas só com lógica e razão.

Por outro lado, temos a emoção, a força que nos move, que nos conecta com as pessoas e o mundo. É a emoção que dá cor às nossas experiências, mas ela também pode ser volátil. Quando buscamos reprimir nossas emoções, elas podem se manifestar de maneira destrutiva, criando padrões de comportamento que fogem da razão e do nosso controle. Se não são processadas adequadamente, elas podem se transformar em sintomas físicos e mentais, como ansiedade e depressão. Freud já falava dessa relação, enfatizando como as emoções reprimidas no inconsciente influenciam diretamente o comportamento consciente.

Por fim, temos a ação. De nada adianta raciocinar e sentir se não colocarmos em prática o que a mente e o coração nos dizem. A ação é o campo onde materializamos pensamentos e emoções, transformando-os em realidade, e é onde observamos o que, no fim das contas, está acontecendo conosco. No entanto, para que a ação seja realmente eficaz, ela precisa estar equilibrada com a razão e a emoção: a ação sem razão pode ser impulsiva e caótica, enquanto a ação sem emoção pode ser vazia e desmotivada.

"Mas, Neto, a ação não acontece fora da mente?" Não, a ação diz muito sobre o que se passa dentro da sua mente, seja consciente ou não. Ao mapear as ações, você toma consciência de coisas que fazia sem perceber, ou que precisa fazer, mas não está fazendo.

Assim, quando razão, emoção e ação estão alinhadas, a mente se torna uma ferramenta de transformação extraordinária. Perceba que não estou falando de fingir que não sente determinada emoção, de trocar emoção por razão ou de simplesmente agir sem considerar as outras duas. Nesse estado de consciência, somos capazes de tomar decisões com clareza, sentir de maneira profunda e agir com convicção. Mas, para que isso aconteça, precisamos entender mais a mente – ou melhor, entender suas nuances e trabalhar conscientemente para que os três níveis (consciente, subconsciente e inconsciente) estejam em harmonia.

Ao harmonizar a mente com a razão, a emoção e a ação, o caminho para uma vida equilibrada e plena se abre diante de nós. A mente, que pode ser tanto uma lâmpada quanto uma fonte de escuridão, torna-se nossa maior aliada, iluminando nosso caminho com clareza, propósito e verdade. E, como você viu, se você acessa e faz parte de um inconsciente coletivo, mudar sua consciência e sua mente mudará o todo. Mudar sua mente muda você e muda o mundo.

"Transforme sua mente e você transformará sua vida."

– Carl Jung[42]

---

[42] Frase atribuída a Carl Jung, fundador da Psicologia Analítica.

09.
Razão

"Se é a razão que faz o homem, é o sentimento que o conduz."

– Jean-Jacques Rousseau[43]

Grandes pensadores ao longo da história refletiram sobre a razão e seu papel na vida do ser humano. Platão, em sua famosa alegoria da caverna, nos alertou dos limites dos sentidos racionais e de como a razão deve ser nossa guia na busca pela verdade. No entanto, viver apenas pela razão é como navegar sem vento – podemos saber para onde queremos ir, mas nos falta impulso para chegar lá.

A razão é o que permite que tenhamos ciência das coisas, que nos tornemos conscientes para tomar decisões, avaliar possibilidades e entender o mundo ao nosso redor. É com ela que planejamos, traçamos metas e buscamos soluções para os desafios da vida. No entanto, quando se torna nosso único foco, a razão também pode nos distanciar das emoções que dão cor e significado à existência. Afinal, o que significa viver de modo racional? É agir com base na lógica, ponderando cada passo com cautela, mas também, muitas vezes, perder a espontaneidade que torna a vida vibrante. Quando deixamos a razão dominar e não reservamos um espaço para as emoções, nos tornamos seres calculistas, presos a um ideal de perfeição que raramente traz felicidade genuína.

E há momentos em que a razão nos impede de agir. Quantas vezes você já ficou paralisado ao tentar avaliar todos os prós e contras de uma situação? Esse fenômeno, conhecido como paralisia pela análise, ocorre quando nos perdemos no excesso de raciocínio. O resultado? Ficamos estagnados, incapazes de tomar decisões e avançar.

---

[43] ROUSSEAU, J. J. *In:* PENSADOR. Disponível em: www.pensador.com/frase/MTM4ODc/. Acesso em: 26 fev. 2025.

É nesse ponto que o equilíbrio entre razão e emoção é essencial. O córtex pré-frontal, responsável pelo pensamento racional, trabalha em parceria com o sistema límbico, que regula nossas emoções.[44] Essa cooperação é o que nos permite não só tomar decisões inteligentes, mas também viver de maneira mais harmoniosa, mostrando que o cérebro não é apenas um ou outro, mas um sistema que trabalha em conjunto.

Aristóteles já nos ensinava que a virtude está no meio-termo. A razão é necessária para planejar e evitar ações precipitadas, mas precisa estar em sintonia com as emoções. Esse equilíbrio é fundamental para que possamos agir com clareza, mas sem perder a conexão com o que realmente nos motiva.

A razão é nossa guia, mas são as emoções que nos conduzem com paixão. Na vida, muitas vezes nos pegamos em debates interiores, tentando "ganhar" uma discussão ou encontrar a decisão mais lógica, enquanto o coração grita por compreensão e empatia. Saber quando ouvir a razão e quando abrir espaço às emoções é uma das habilidades mais importantes que podemos desenvolver.

Viver de maneira equilibrada entre razão e emoção significa estar consciente de como tomamos nossas decisões. Muitas vezes, a razão tenta nos proteger do desconhecido, mas, ao fazer isso, nos impede de experimentar o novo e o inesperado. A vida não é uma equação exata; ela pede coragem para agir mesmo quando a razão nos alerta para o perigo.

Essa dualidade entre razão e emoção é frequentemente associada a uma metáfora interna que relaciona nossa criança interior e nossa versão adulta, e é válida para refletir se suas ações, decisões e emoções parecem pertencer a uma criança de 5 anos (emoção) ou a um adulto saudável (razão).

Perceba que nessa visão a dualidade não se torna uma guerra de um contra o outro, apenas uma luta contra a ignorância e a falta de consciência sobre nossos pensamentos, atos e identidade. Se você aprofundar nessa reflexão, perceberá que só podemos ser adultos plenos quando resolvemos as feridas abertas da nossa criança interior, pois, do contrário, ela sempre fala mais alto.

---

[44] BUTMAN, J.; ALLEGRI, R. F. A cognição social e o córtex cerebral. **Psicologia: Reflexão e Crítica**, v. 16, n. 3, pp. 491-500, 2003. Disponível em: www.scielo.br/j/prc/a/PG95ckQWwHxJzsydWVHGrsy/?lang=pt. Acesso em: 14 mar. 2025.

Søren Kierkegaard escreveu que "a vida só pode ser compreendida olhando para trás, mas deve ser vivida olhando para a frente".[45] A razão nos ajuda a entender o passado, mas não pode prever o futuro. Por isso, precisamos ter a coragem de avançar, mesmo sem garantias, deixando que o adulto e a criança ajam em conjunto, com um mesmo propósito.

Para alcançar essa parceria, é preciso fazer um exercício constante de autopercepção. Ao enfrentar decisões difíceis, pergunte-se: "Estou sendo guiado apenas pela razão ou também estou sendo influenciado pelas minhas emoções?". Esse será o primeiro passo para uma vida mais consciente.

Quando conectamos razão e emoção, abrimos caminho para uma intuição mais refinada, uma espécie de "inteligência emocional" que vai além do cálculo lógico. Essa harmonia nos permite agir com sabedoria e, ao mesmo tempo, com paixão.

Para alinhar ainda mais mente e coração, práticas como a meditação ou uma simples caminhada em silêncio podem ser ferramentas poderosas – buscar silenciar influências externas para ouvir a verdadeira voz interna. Essas pausas diárias nos ajudam a acalmar a mente e permitem que as emoções fluam e encontrem seu espaço ao lado da razão, não como rivais, mas como aliadas.

E não podemos esquecer o papel do corpo e do espírito nessa equação. Como vimos, o corpo é a base de tudo. Quando cuidamos da saúde física, garantimos clareza à mente e paz ao espírito, que, por sua vez, dá propósito e direção à razão, lembrando-nos do porquê por trás de cada escolha.

A verdadeira transformação acontece quando conseguimos ter consciência da mente, do corpo e do espírito. A razão nos orienta para focar e olhar cada aspecto de nossa vida. Ao responder o Quiz da Vida, a razão estava no comando; ao terminar de ler este livro, estará ainda mais concentrada em quem você é e nos ajustes que você quer fazer na sua vida e no mundo.

---

[45] JÚNIOR, L. O equilíbrio necessário. **Medium**, 1 set. 2016. Disponível em: https://medium.com/@levyjunior/o-equil%C3%ADbrio-necess%C3%A1rio-2d6659cb9083. Acesso em: 26 fev. 2025.

EXERCÍCIOS PRÁTICOS PARA AUMENTAR SUA CONSCIÊNCIA SOBRE SI MESMO

1. **O que você decide?** Ao fim do dia, reserve um tempo para refletir sobre as decisões que tomou. Pergunte-se: "Fui guiado mais pela razão, pela emoção ou pela intuição?". Anote suas percepções e veja se há padrões nas suas escolhas. Esse simples exercício vai ajudá-lo a entender como funciona sua razão e o que pode ser ajustado para alcançar mais equilíbrio entre razão e emoção.

2. **Técnica Pomodoro:** criada por Francesco Cirillo, é um método de gestão de tempo que alterna períodos de trabalho intenso com pausas programadas. A ideia é dividir as tarefas em blocos de 25 minutos (pomodoros), seguidos de cinco minutos de descanso. Após quatro ciclos, faz-se uma pausa maior, de quinze a trinta minutos. Esse método melhora o foco, combate a procrastinação e ajuda a gerenciar a energia mental de modo eficaz. É como se fosse um treino HIIT de academia, mas para foco mental. Eu uso e recomendo.

3. **Exercício de presença e foco total e voluntário:** posicione-se frente a um espelho e foque seus olhos. Você pode variar entre o olho esquerdo, o direito e o centro dos olhos. Procure manter o foco o máximo de tempo possível. Se necessário, use a Técnica Pomodoro para aumentar seu tempo neste exercício.

4. **Jogo do STOP:** o STOP é uma técnica de *mindfulness* que utiliza os sentidos – visão, audição e tato – para trazer a atenção plena para o momento presente. Ele é uma estratégia prática para reduzir o estresse e melhorar o foco, e é conduzido da seguinte maneira: PARE (STOP) – interrompa o que está fazendo e respire profundamente, trazendo sua atenção para o momento atual; VISÃO – olhe ao redor e identifique cinco coisas que você pode ver, enfocando detalhes como cores, formas e texturas; AUDIÇÃO – preste atenção aos sons ao seu redor. Identifique pelo menos quatro sons distintos, sejam eles próximos, distantes, ou mesmo o som da sua respiração; TATO – concentre-se em três sensações físicas, como a textura de suas roupas, a temperatura da sua pele ou o peso do seu corpo contra

a cadeira. Essa prática simples ajuda a desviar a mente de preocupações e a ancorar a atenção no presente, utilizando os sentidos como ferramentas de conexão com o agora.

5. **Exercícios de respiração:** a respiração consciente também pode ser uma excelente maneira de trabalhar sua razão. Sugiro contagens como a 6-6-6: inspire por seis segundos, segure o ar por mais seis e solte durante pelo menos seis segundos, mantendo ciclos contínuos.

6. **Meditação e auto-hipnose:** faça meditações guiadas ou escute áudios de auto-hipnose. Comece buscando áudios curtos e vá ampliando seu repertório com áudios mais longos e mais avançados, conforme se sentir mais preparado. Aqui fica de presente uma auto-hipnose para você começar:

Use a câmera do seu celular para ler o QR Code ou digite https://youtu.be/aIX_LBwhRD8 em seu navegador e confira!

> "O ser vivo é chamado a escolher, criar etc. Num mundo em que toda a matéria está inerte, um campo de poder e necessidades rodeia o ser vivo. Ele pode e deve escolher, e, com suas escolhas, mudar a ordem determinada das coisas inertes."
>
> – Henri Bergson[46]

---

[46] BERGSON, H. **Ensaio sobre os dados imediatos da consciência.** São Paulo: Martins Fontes, 1999.

10.
Emoção

"Sentir é estar vivo. Negar suas emoções é negar a si mesmo."

– Sigmund Freud[47]

Em algum ponto da vida, todos já sentimos o peso de emoções que pareciam maiores do que nós mesmos – aquelas que surgem sem avisar e nos dominam. Medo, tristeza, raiva, nojo, desprezo e surpresa não são apenas respostas automáticas do corpo e da mente; são forças poderosas que moldam nossa visão do mundo, nossas escolhas e até nossa saúde física. Ignorá-las é o que nos mantém presos a padrões repetitivos, nos afastando da liberdade emocional e do crescimento interior que tanto desejamos.

Mas essas emoções não são "do mal". No fundo, só estão buscando nos proteger.

As emoções não surgem do nada; elas são como mensageiras, apontando o caminho para onde nossa atenção deveria estar. E quando se trata de traumas, são essas mensageiras que frequentemente ficam presas no tempo, ecoando o passado de maneiras que nos fazem reviver, vez após outra, a mesma dor.

Paul Ekman, psicólogo pioneiro no estudo das emoções universais, define sete emoções primárias que todos os seres humanos experimentam: medo, tristeza, raiva, nojo, desprezo, surpresa e alegria. Não importa onde você viva, qual idioma fale ou de que cultura faz parte – essas emoções são universais. Elas fazem parte da nossa biologia e da nossa essência humana.[48] Em décadas de pesquisa, ele descobriu que as emoções têm uma base biológica inquestionável, expressa de maneira semelhante em todos os lugares do mundo. Quando sentimos medo, nosso corpo reage de maneira instintiva: os

---

[47] FREUD, S. **O inconsciente**. São Paulo: Companhia das Letras, 2010.

[48] AS 7 expressões faciais das emoções universais. **O curso das emoções**, 2025. Disponível em: https://ocursodasemocoes.com.br/as-7-expressoes-faciais-das-emocoes-universais/. Acesso em: 27 fev. 2025.

músculos se contraem, os olhos se arregalam e o coração acelera. Isso acontece tanto com alguém que vive na selva da Amazônia quanto com alguém que
mora no coração de uma metrópole moderna.

Por mais que tentemos evitá-las, essas emoções são o núcleo da nossa experiência emocional e têm grande relação com os nossos traumas. Afinal, os
traumas são, essencialmente, feridas emocionais não resolvidas. Eles surgem
quando uma experiência negativa – seja uma perda, um abuso, uma violência
ou uma decepção – ativa essas emoções primárias e nos força a reprimir ou
suprimir a dor, em vez de processá-la adequadamente. Como resultado, essas emoções ficam "presas" em nós, moldando nosso comportamento, nossas
crenças e nossa maneira de ver o mundo, como já vimos neste livro. Para resolver esse problema, devemos revisitar essas emoções, não com o intuito de nos
afogar nelas, mas para entendê-las, liberá-las e, finalmente, encontrar a paz.

É importante salientar que, biologicamente, as emoções visam poten-
cializar as funções do cérebro, como a de sobreviver, de se reproduzir ou de
economizar energia. Cada uma das emoções universais carrega consigo um
propósito, uma função natural que, quando compreendida, pode nos ajudar
a lidar melhor com as cicatrizes emocionais que carregamos. Aqui, vamos
falar das seis primeiras e discutiremos a alegria mais à frente.

MEDO

O medo é a emoção que mais comumente está associada a traumas. Ele é o alar-
me natural do corpo, que alerta sobre perigos reais ou imaginários. Mas, quando
o trauma ocorre, o medo muitas vezes se prolonga muito além da situação original, criando um estado constante de hipervigilância. É como se estivéssemos
sempre à espreita, esperando pelo próximo golpe, mesmo quando ele nunca vem.

Esse medo persistente é um dos maiores impedimentos para o crescimento pessoal. Ele nos faz evitar situações que poderiam nos libertar, nos
mantêm paralisados e nos convence de que não somos capazes de superar desafios. Mas o que acontece quando enfrentamos esse medo de frente, quando
o desafiamos e ressignificamos?

Assim como uma sombra que se dissolve quando exposta à luz, o medo
só existe enquanto nos recusamos a olhá-lo de perto. É ao enfrentá-lo que
começamos a nos libertar das amarras emocionais do trauma. Ao fazer isso,

percebemos que o medo não é um inimigo, mas um aliado que nos indica o que ainda precisamos trabalhar em nós mesmos.

Então, se o medo nos alerta de um perigo para nossa sobrevivência, é fundamental trabalhar para criar a sensação de segurança em contextos em que sentimos essa emoção – e uma maneira excelente de fazer isso é por meio da ação: a ação massiva dessensibiliza o medo, porque, quanto mais você se expõe a algo, menos medo sentirá. Quando nos expomos ativamente aos medos e traumas, temos mais facilidade de superá-los.

TRISTEZA

A tristeza é uma emoção essencial para o processo de restauração. Ela nos permite sentir a dor de uma perda, de um fracasso ou de uma decepção. Mas, muitas vezes, por medo de nos afogarmos nessa dor, tentamos evitar esse sentimento a qualquer custo: nos distraímos com trabalho, redes sociais, relacionamentos superficiais, qualquer coisa que nos impeça de encarar o nó na garganta.

Mas, assim como a chuva que rega a terra e permite o florescimento, a tristeza permite processar as perdas e seguir em frente. O problema surge quando não nos permitimos senti-la por completo. Quando reprimida, essa emoção se transforma em um peso constante, uma melancolia que nos acompanha aonde quer que vamos.

A tristeza é importante para que tenhamos nosso momento de "lamber as feridas", tal como um cachorro que sai de uma briga chorando e se retira para se restaurar.

Permitir-se chorar, lamentar e sentir é um ato de coragem. Ao dar espaço à tristeza, você deixa que ela complete seu ciclo, liberando o que precisa ser liberado e abrindo espaço a novas experiências e emoções. Isso não significa que você deve se entregar à dor para sempre, mas que precisa vivenciá-la de maneira consciente e plena, sabendo que ela tem um propósito. Até porque, só é possível liberar algo que sabemos que existe. Como você pode superar a tristeza se finge que ela não existe?

RAIVA

Entre todas as emoções, a raiva talvez seja a mais mal compreendida. Ela é vista como negativa e a que deve ser evitada ou reprimida. No entanto, a raiva é uma emoção poderosa e, quando bem canalizada, pode ser uma força transformadora. Ela surge quando sentimos que nossos limites foram violados ou quando somos injustiçados. É a reação natural do corpo e da mente para nos defender de ameaças.

Portanto, entenda: raiva é potência para ação. Isso não tem a ver com ódio nem rancor, muito menos com algo necessariamente negativo.

Com frequência, os traumas deixam um rastro de raiva – uma raiva não expressa, que continua a ferver dentro de nós. Isso pode levar a explosões emocionais, a comportamentos destrutivos, a sintomas físicos ou à autossabotagem. Mas, quando encaramos essa emoção de modo saudável, ela pode nos mostrar o caminho para a mudança.

Ressignificar a raiva quer dizer entender de onde ela vem, liberar sua energia de maneira construtiva e usá-la como combustível para agir, para impor limites saudáveis e reconstruir uma vida baseada no respeito e na dignidade. No consultório, a raiva é, inclusive, a emoção que mais vejo ajudar na transformação, agindo como catalisador para jogar fora outras emoções contidas e sentimentos ruins.

NOJO

O nojo, geralmente associado a reações físicas, também tem um papel significativo no trauma, especialmente quando esse trauma envolve violação de limites pessoais, físicos ou emocionais. Quando sentimos nojo, estamos reagindo a algo que consideramos impuro ou tóxico. É o corpo afastando você de algo ruim, agindo de modo protetivo. Mas, quando não reconhecemos essa emoção, ela pode se manifestar como repulsa por nós mesmos ou pelos outros, criando distanciamento emocional e físico.

Reflita sobre isto: você se afasta daquilo de que tem nojo. Já atendi pessoas que estavam travadas financeiramente porque, em algum momento da vida, associaram dinheiro e riqueza a pessoas esnobes e arrogantes, das quais elas tinham nojo – ou seja, essa emoção causava um afastamento da riqueza.

Para superar o nojo relacionado ao trauma, é preciso liberar essa emoção, entendendo que ela age como uma resposta natural a uma situação que violou seus limites, ou da qual você busca afastamento. Com o tempo, podemos reaprender a confiar em nosso corpo e nas pessoas, sentindo segurança e conexão novamente.

DESPREZO

O desprezo é uma emoção complexa, que muitas vezes surge quando nos sentimos superiores ou moralmente corretos em relação aos outros. No contexto do trauma, ele pode ser uma maneira de mascarar a dor ou a vulnerabilidade – quando sentimos desprezo, criamos uma barreira entre nós e o mundo, uma defesa contra a possibilidade de sermos machucados novamente. É uma maneira de nos afastar, mas com um caráter julgador.

No entanto, o desprezo também pode se manifestar como autojulgamento, refletindo a maneira como nos sentimos em relação a nós mesmos, especialmente quando nos culpamos pelo que aconteceu no passado. Reconhecer o desprezo e sua origem é o primeiro passo para desmantelar essa barreira e se abrir ao perdão – tanto dos outros quanto de si mesmo.

SURPRESA

Por fim, temos a surpresa, uma emoção que nos leva a estados de alerta e descoberta. É o que geralmente chamamos de "susto". A surpresa pode ser positiva ou negativa, mas, em ambos os casos, nos força a reavaliar nossas expectativas e crenças sobre o que é possível. No contexto do trauma, a surpresa pode aparecer como um choque inicial, mas também abre portas a novos entendimentos e a novas maneiras de viver.

Essa emoção é muito presente em casos de fobia e pânico e pode vir acompanhada das outras que já descrevemos. Uma técnica que sempre uso para amenizar traumas que se manifestam por surpresa é a técnica do *reframe*, na qual você visualiza a memória do susto diversas vezes, e isso vai diminuindo a intensidade da surpresa. É como um filme de terror que vai perdendo a graça depois que você o reassiste várias vezes. Funciona bastante.

Fica claro, então, que o processo de ressignificar traumas passa por essas emoções universais e é, essencialmente, o caminho para a resolução emocional. Quando olhamos para o medo, a tristeza, a raiva, o nojo, o desprezo e a surpresa não como inimigos, mas como aliados, começamos a ver o trauma sob uma nova luz. Ele deixa de ser uma prisão e se torna um campo de aprendizado.

Seja por meio de liberação emocional, terapia, meditação ou outras práticas, o importante é não ignorar ou reprimir essas emoções. Como disse

Freud, "as emoções não expressadas nunca morrem. Elas são enterradas vivas e saem de piores formas mais tarde".[49]

O primeiro passo para mudar o mundo é mudar a si mesmo, e isso começa com a coragem de sentir. Sentir de verdade, sem filtros, sem máscaras. Permitir-se viver plenamente cada emoção, não como algo a ser temido, mas como algo a ser entendido e liberado.

O caminho para a transformação começa no lugar mais simples e, ao mesmo tempo, mais desafiador: dentro de você. Adiante, mostrarei ainda mais técnicas para você aprender a trabalhar cada uma dessas emoções (vale salientar que, quando falamos de trauma, as emoções que predominam são as de medo, tristeza e raiva, então você pode começar por aí).

EXERCÍCIO PRÁTICO 1: EXPLORE SUAS EMOÇÕES PARA TRABALHAR O AUTOCONHECIMENTO

Neste exercício, você vai identificar como as emoções universais se manifestam em sua vida, refletir sobre elas e entender o que elas estão tentando lhe dizer. Esse é um grande passo para o autoconhecimento e a inteligência emocional.

Instruções: em um ambiente tranquilo e, se possível, sem interrupções, busque se concentrar. Para cada emoção, anote o que vem à mente, sobre como você a sente ou com o que a associa. Seja sincero e escreva sem julgamentos! Caso queira, use uma folha à parte ou até o bloco de notas do celular.

1. **Medo:** o que você teme? Anote suas maiores fontes de medo, como medo de morrer, medo de fracassar etc.
2. **Tristeza**: o que lhe dá um nó na garganta? Liste o que deixa você triste, como perder alguém querido, sentir que não tem um propósito etc.
3. **Raiva**: o que você não aceita? Identifique o que desperta sua raiva, como injustiças, falta de reconhecimento etc.
4. **Nojo**: o que você rejeita? Anote o que causa repulsa ou rejeição em você, como comportamentos tóxicos, situações abusivas etc.

---

[49] FREUD, S. *In:* PENSADOR. Disponível em: www.pensador.com/frase/MjE4MjY1MA/. Acesso em: 27 fev. 2025.

5. **Desprezo**: o que você julga? Liste coisas ou pessoas que lhe causam desprezo ou situações e ações que você considera intoleráveis.
6. **Surpresa**: o que lhe pega desprevenido? Descreva sustos que você tomou ou algo que o surpreendeu ou tirou da zona de conforto, como mudanças inesperadas, imprevistos etc.

Agora, olhe para suas respostas e reflita: o que essas emoções estão tentando ensinar a você? Anote qualquer insight ou ação que sente que pode tomar com base nessas descobertas. Busque pontos e temas em comum: quais temas mais apareceram em todas as emoções? Você tem consciência de eventos que podem estar ligados a esse tema?

Este exercício é um convite para você se conectar com suas emoções e entender o que elas estão tentando lhe dizer. Aceitá-las é o primeiro passo para a transformação! Mudar suas emoções muda você e muda o mundo.

EXERCÍCIO PRÁTICO 2: USE O CORPO

As emoções são programas do seu corpo. Assim, elas precisam de movimento para serem processadas. Para libertar-se de emoções negativas, experimente:

1. **Apertar uma almofada ou travesseiro:** canalize sua emoção para o objeto.
2. **Socar uma almofada:** permita-se descarregar a raiva ou frustração em movimentos intensos.
3. **Gritar em uma almofada:** solte a tensão acumulada de maneira segura.
4. **Abraçar a si mesmo:** segure-se firme e diga mentalmente: *Eu estou aqui para você.*
5. **Chore, grite, fale – liberte a potência contida:** o choro é uma das maneiras mais naturais de liberar emoções, principalmente tristeza e medo. Gritar também ajuda a descarregar a energia emocional reprimida.
6. **Escreva sobre suas emoções:** pegue um papel e escreva tudo o que sente, sem filtro. Deixe a mão fluir, coloque para fora. Depois, se quiser, rasgue ou queime o papel como um símbolo de libertação.

Emoção **109**

7. **Movimente-se intensamente:** atividades físicas como correr, dançar ou bater em um saco de pancadas podem ajudar a liberar emoções mais intensas, como raiva ou frustração.

EXERCÍCIO PRÁTICO 3: RESSIGNIFIQUE SUAS MEMÓRIAS

Pense nas memórias como filmes baseados em fatos reais. Elas não são registros neutros; são influenciadas por suas crenças e emoções e pelo contexto em que foram vividas. É preciso trazer um novo significado, uma nova visão, uma nova interpretação para elas – uma coisa que antes parecia ruim agora parece boa; alguém que era culpado agora está perdoado.

Vamos ver um modo de fazer isso de maneira prática.

1. **Revisite a memória com uma nova perspectiva:** caso você possa, procure a ajuda de um profissional habilitado para ajudá-lo neste processo; contudo, é possível seguir sozinho. Aqui estão as instruções: feche os olhos, concentre-se e volte mentalmente ao momento do trauma, mas como a pessoa que você é hoje. Imagine-se enfrentando a situação com novos recursos: talvez com uma lanterna, talvez acompanhado de alguém em quem confia. Você pode aproveitar o momento para se conectar com seu eu daquele momento, liberar as emoções que ficaram gravadas lá com o máximo de intensidade, acolher sua versão que fez a memória e olhar para o coração dela e, então, liberar toda e qualquer emoção contida que ainda esteja no seu filme mental.

2. **Questione o aprendizado:** "Será que o que eu aprendi naquela época ainda faz sentido hoje?", "O que eu tinha prometido a mim mesmo naquele momento, que já não faz mais sentido para mim?", "O que posso enxergar de diferente nessa situação agora?".

3. **Substitua o significado:** transforme a mensagem limitante em algo que o fortaleça. No exemplo da caverna, a visão de perigo pode ser transformada em uma oportunidade: "A caverna é um portal para lugares incríveis que eu ainda não explorei". Ou uma oportunidade de se livrar da culpa, pois você era apenas uma criança e não conhecia

o perigo: "Eu me perdoo e me liberto dessa situação; ela não estava no meu controle. Eu era só uma criança, obrigado pelo aprendizado, eu me perdoo".

Para auxiliá-lo neste exercício, você pode usar novamente o áudio do capítulo 5.

Use a câmera do seu celular para ler o QR Code ou digite https://youtu.be/2CJzqQ4ZN34 em seu navegador e confira!

Você não é culpado pelos traumas que carrega, mas é sua responsabilidade agir para superá-los. Liberar emoções e ressignificar memórias são ferramentas poderosas que o ajudam a atravessar as "cavernas" da sua vida.

Lembre-se: conhecer o caminho é importante, mas percorrê-lo é o que realmente transforma vidas. Agora, é sua vez de agir. O próximo passo está em suas mãos. Mudar memórias muda sua identidade, muda você e muda o mundo.

> **"A vulnerabilidade é a nossa medida mais precisa de coragem."**
>
> – Brené Brown[50]

---

[50] BROWN, B. **A coragem de ser imperfeito:** como aceitar a própria vulnerabilidade, vencer a vergonha e ousar ser quem você é. Rio de Janeiro: Sextante, 2013.

11.
Ação

> **"A menor das ações é sempre melhor que a mais nobre das intenções."**
>
> – Robin Sharma[51]

Pense por um momento: quantas ideias incríveis já passaram pela sua mente? Quantos sonhos você já teve, quantos planos fez? Agora, reflita: quantos deles realmente saíram do papel?

O problema não está em sonhar, muito menos em planejar. Está em não agir.

Existe um abismo entre quem você é hoje e quem você quer ser. Esse abismo é um espaço que só pode ser preenchido pela ação. Não é uma ponte mágica que aparece de repente, mas sim uma que é construída tijolo por tijolo pelas suas próprias mãos.

O primeiro tijolo é a decisão de começar. Parece simples, mas é aqui que muitos se perdem, afogados em listas intermináveis de prós e contras, imobilizados pela busca do momento perfeito. Perfeição é uma armadilha – e, se você está esperando por ela, vai se perder no caminho.

Cientistas como Mel Robbins, autora de *O poder dos 5 segundos*,[52] mostram que o cérebro tem um mecanismo simples porém poderoso: em 5 segundos, ele pode sabotar ou ativar uma ação. Robbins descobriu que, ao contar de 5 a 1 e agir antes que o cérebro reaja a um estímulo, você interrompe o ciclo de sabotagem. Ou seja, você tem apenas 5 segundos para mudar sua vida, porque, quando sente o impulso de fazer algo e não age de imediato, o cérebro começa a dar desculpas para proteger você do desconforto.

A ação não é algo que espera o momento certo, ela é a ferramenta que cria o momento. Você precisa decidir agir mesmo que o cenário não esteja

---

[51] CUEVAS, G. S. 11 frases de Robin Sharma para melhorar a sua vida. **A mente é maravilhosa**, 5 jan. 2023. Disponível em: https://amenteemaravilhosa.com.br/11-frases-de-robin-sharma/. Acesso em: 27 fev. 2025.

[52] ROBBINS, M. **O poder dos 5 segundos**. São Paulo: Astral Cultural, 2019.

perfeito. O impulso vem quando você mergulha, não quando você espera à beira da piscina.

Imagine o seguinte: você está em uma estrada longa e reta. O destino é claro, mas o carro está parado. Não importa o quanto acelere o motor, nada vai acontecer se você não colocar o carro em movimento. Ação é isto: engatar a marcha e começar a andar. Não importa a velocidade, importa o movimento. Só ele pode levá-lo aonde você quer chegar. A magia está na consistência, na ação contínua. Nem sempre são os feitos gigantescos que transformam sua vida; às vezes são os pequenos atos feitos repetidamente.

O que isso significa para você? Que a verdadeira força não está no que você *pensa* em fazer, mas no que de fato faz. Um grama de ação vale mais do que uma tonelada de teoria.

Imagine se você tivesse começado a agir há um ano. Onde estaria hoje? E se começar hoje, onde estará daqui a um ano? A diferença entre esses dois cenários é uma única coisa: ação.

Se você não agir, nada muda. Mas, ao tomar uma pequena atitude, você já começa a quebrar as correntes da inércia. É nesse momento que o universo se reorganiza, as oportunidades começam a aparecer e o medo, antes paralisante, se dissolve no fluxo do movimento.

Quer um exemplo prático? Pegue este livro, tire uma foto dele, compartilhe nos *stories* e me marque. Faça disso um compromisso simbólico com a ação. Uma atitude que diz ao universo e a você mesmo que está pronto para agir. Ao compartilhar este momento, você inspira os outros a saírem do lugar e cria uma rede de transformação. A ação não transforma só você, ela transforma o mundo ao seu redor.

RITUAIS DIÁRIOS

A ação é a semente da transformação. Para ilustrar isso, quero compartilhar com você o conceito dos rituais diários.

Um ritual não é apenas uma repetição de tarefas; é uma ação com intenção, um momento em que corpo, mente e espírito se alinham com um propósito maior. Com um simples ato intencional, você pode redefinir a maneira como se enxerga e, consequentemente, como se posiciona no mundo.

Lembro-me de uma mulher que atendi certa vez, uma fazendeira que vivia há mais de cinco anos em um ciclo profundo de depressão. Sua rotina era esmagadora: acordava às 6 horas e ia direto para o chiqueiro; cuidava de toda a fazenda e de todos ao seu redor... menos dela mesma. Muitas vezes, nem sequer lembrava de tomar banho. Quando chegou até mim, olhou nos meus olhos e disse: "Eu me sinto um bicho. Eu me sinto uma merda".

E por que ela se sentia assim? Porque suas ações estavam reforçando essa crença. Sem perceber, sua rotina comunicava ao seu subconsciente, dia após dia, que ela não era prioridade. A maneira como vivia desvalorizava quem ela era.

Além do trabalho profundo que fizemos para liberar traumas e ressignificar memórias, um dos pontos de virada foi algo aparentemente simples, mas poderoso: eu a desafiei a criar um ritual diário. Ela aceitou.

Todos os dias, após cuidar dos animais no chiqueiro às 6 horas, em vez de seguir ignorando a si mesma, ela passou a tomar banho. Mas não era um banho qualquer: ela transformou esse momento em um ritual de amor-próprio. Durante trinta ou quarenta minutos, colocava uma música que amava, sentia a água escorrendo pelo corpo e respirava profundamente. Depois, se maquiava e vestia sua melhor roupa. Fazia uma oração para Nossa Senhora de Fátima e, então, saía da casa como uma grande mulher. Com postura, imponência e comando.

Foi assim que seu mundo começou a mudar.

De repente, ela não era mais uma mulher esquecida no meio da fazenda. Era uma líder, uma mulher que se enxergava com respeito, que dava ordens com segurança. Não era mais uma qualquer, mas uma grande fazendeira.

E tudo começou com um banho.

Antes da terceira sessão, ela já não usava mais os antidepressivos. E, pouco tempo depois, venceu completamente a depressão. Isso prova que o que você faz a cada dia constrói sua identidade.

Agora, eu lhe pergunto: quais ações você toma que estão reforçando algo negativo sobre você? O que você normalizou sem perceber? E o mais importante: o que você pode começar a fazer *hoje* para mudar isso?

Talvez seja um ritual de autocuidado. Talvez seja cuidar do seu sono, da sua alimentação. Talvez seja algo tão simples quanto tomar um banho de

Ação **115**

maneira consciente. Porque não se trata da complexidade da ação, mas do que ela representa para você. As ações esculpem sua identidade. Mudar suas ações muda você. E mudar você muda o mundo.

Para criar seu ritual de autocuidado, siga três passos simples: 1) escolha um momento do dia em que possa se dedicar a si mesmo, nem que seja por poucos minutos; 2) defina uma ação simbólica, como um banho consciente, uma meditação, uma leitura ou um café tranquilo; 3) torne esse momento especial, adicionando algo que envolva os sentidos, como uma música, um aroma agradável ou uma roupa confortável. Durante o ritual, esteja presente e repita uma afirmação positiva, como "Eu me valorizo" ou aquilo que fizer mais sentido para você (lembre-se de que deve ser algo que você deseja reforçar). O segredo está na repetição: quanto mais você pratica, com cada vez mais intenção, mais fortalece sua identidade e transforma sua vida.

EXERCÍCIO PRÁTICO: COMECE A AGIR AGORA

Este exercício é simples, mas poderoso. Vamos começar:

- Respire fundo e pense em algo que você deseja fazer há algum tempo, mas que está adiando. Pode ser algo simples, como começar a se exercitar, ligar para alguém importante ou finalmente iniciar aquele projeto;
- Conte de 3 a 1 (3, 2, 1) e imediatamente faça alguma coisa. Pode ser dar um passo, pegar o telefone, abrir um arquivo, colocar o tênis para correr. Não pense, apenas faça;
- Ao completar esse primeiro passo, anote como se sente. Seu corpo e sua mente começam a se alinhar com o movimento. Sinta a energia que foi liberada pelo simples fato de agir;
- Por fim, comprometa-se com pequenos passos diários. Não importa o tamanho da ação, o que importa é continuar. Toda vez que a procrastinação aparecer, repita o exercício: 3, 2, 1, viva!

E lembre-se: você não precisa de coragem para começar. A coragem aparece no processo – você precisa mesmo é de consistência. Toda ação, por menor que seja, move você em direção ao seu objetivo. É assim que você se transforma. É assim que o mundo muda.

Agora, sua próxima ação está clara: levante-se, comece a agir, compartilhe sua jornada. Tire uma foto deste momento, compartilhe nos *stories*, me marque. Vamos juntos espalhar essa mensagem de transformação. Suas ações mudam você e mudam o mundo.

> **"Ação é a chave fundamental para todo sucesso."**
>
> – Pablo Picasso[53]

---

[53] CARVALHO, R. Frases de mente de sucesso: 151 frases para empreendedores. **Hero Spark**, 13 set. 2024. Disponível em: https://herospark.com/blog/frases-mente-de-sucesso/. Acesso em: 27 fev. 2025.

PARTE 3

O espírito: a cola que une corpo e mente

> **"Porque, se viverdes segundo a carne, caminhais para a morte; mas, se, pelo Espírito, mortificardes os feitos do corpo, certamente, vivereis."**
>
> – Romanos 8:13

O espírito é a essência invisível que nos conecta ao todo. Enquanto o corpo age no mundo físico e a mente organiza e racionaliza experiências, o espírito é a força que dá sentido à vida. É a dimensão que transcende o material e nos coloca em contato com algo maior, uma verdade universal. Quando estamos desconectados do espírito, podemos nos sentir vazios, mesmo que todas as outras áreas da vida, como o trabalho ou os relacionamentos, pareçam estar em ordem.

A ciência vem se aproximando cada vez mais dessa ideia holística de que corpo, mente e espírito estão profundamente interligados. Segundo um estudo publicado no *Journal of Behavioral Medicine*, práticas espirituais, como meditação e oração, foram associadas a uma melhora significativa do bem-estar psicológico e da saúde física, incluindo a redução dos níveis de estresse e o fortalecimento do sistema imunológico.[54] Essa conexão com o espírito não precisa seguir uma linha religiosa – trata-se de uma busca interna por propósito e significado. Ter clareza sobre o porquê de nossas ações, o propósito maior, é o que nos dá resiliência e força diante dos desafios da vida. O espírito é o que nos permite transcender a dor, encontrar aprendizado nos momentos difíceis e alcançar a verdadeira sensação de paz.

Essa visão integrativa é corroborada por diversos estudos que apontam a interdependência entre corpo, mente e espírito. O corpo, quando nutrido adequadamente e tratado com respeito, torna-se um canal de expressão do

---

[54] SHIELDS, C. G.; ZEGANS, L. S.; AUSTIN, J. T. Spirituality and Health: Associations Between Practices and Physical and Psychological Outcomes. **Journal of Behavioral Medicine**, v. 22, n. 6, pp. 557-576, 1999. Disponível em: https://link.springer.com/article/10.1023/A:101871350 2541. Acesso em: 21 jan. 2025.

espírito. O exercício físico regular, por exemplo, tem impactos profundos no equilíbrio emocional e espiritual. Como já mencionei, a prática de exercícios regulares, além dos benefícios fisiológicos, acarreta benefícios psicológicos, tais como: melhor sensação de bem-estar, humor e autoestima, assim como redução de ansiedade, tensão e depressão.[55]

A mente, por sua vez, é o que intermedeia o corpo e o espírito. Ela organiza nossas crenças, pensamentos e emoções, filtrando o que consideramos realidade. Quando treinada para estar em harmonia com o espírito – por meio de práticas como mindfulness, meditação ou até a oração –, a mente se torna mais clara, e o corpo reage de maneira mais positiva, com menos estresse, mais foco e mais vitalidade. Isso mostra que o corpo e a mente respondem de modo tangível a um espírito fortalecido, comprovando que o equilíbrio espiritual tem consequências mensuráveis na saúde física e mental.

Uma das maneiras mais simples e poderosas de fortalecer o espírito é por meio de práticas contemplativas. A meditação, por exemplo, é uma técnica que não só promove o bem-estar espiritual, mas também tem benefícios profundos na saúde física: estudos mostram que pessoas que meditam regularmente apresentam níveis reduzidos de cortisol, o hormônio do estresse, e uma maior capacidade de lidar com as pressões diárias.[56]

Além disso, práticas como a contemplação da natureza, a oração ou a gratidão ativa fortalecem o espírito, nutrindo simultaneamente a mente e o corpo. A ciência corrobora isso: um estudo da Universidade da Califórnia mostrou que pessoas que cultivam regularmente a gratidão têm melhor saúde cardíaca, níveis mais baixos de inflamação e até uma maior expectativa de vida.[57]

---

[55] COSTA, R. A.; SOARES, H. L. R.; TEIXEIRA, J. A. C. Benefícios da atividade física e do exercício físico na depressão. **Revista do Departamento de Psicologia – UFF**, v. 19, n. 1, pp. 269--276, jan./jun. 2007. Disponível em: https://doi.org/10.1590/S010480232007000100022. Acesso em: 14 mar. 2025.

[56] A MEDITAÇÃO contra o stress. **Superinteressante**, 2025. Disponível em: https://super.abril.com.br/especiais/a-meditacao-contra-o-stress. Acesso em: 27 fev. 2025.

[57] THEDIM, F. Pesquisa diz que gratidão faz bem ao coração. **VejaRio**, 2 dez. 2016. Disponível em: https://vejario.abril.com.br/programe-se/pesquisa-diz-que-gratidao-faz-bem-ao-coracao. Acesso em: 27 fev. 2025.

O espírito não deve ser separado do corpo e da mente. Quando nos desconectamos de nossa essência espiritual, o corpo frequentemente manifesta sintomas físicos, como dores inexplicáveis, fadiga e até doenças crônicas. A medicina psicossomática já reconhece que o corpo expressa emoções reprimidas, mas também é importante entender que ele reflete a desconexão com o espírito. A integração das dimensões corpo, mente e espírito é o que nos permite viver com mais harmonia e plenitude.

> **"Acreditamos que o homem tem uma razão de ser e, por isso, acreditamos no equilíbrio entre corpo e espírito."**
>
> – Celso Charuri[58]

---

[58] CHARURI, C. Carta de Princípios. **Pró-vida**, 2025. Disponível em: www.provida.net/pt/carta-de-principios/. Acesso em: 27 fev. 2025.

O espírito é a essência invisível que nos conecta ao todo.

O poder do egoísmo consciente

@porvivaldoneto

12.
Amor

"Ainda que eu falasse as línguas dos homens e dos anjos, e não tivesse amor, seria como o metal que soa ou como o sino que tine. E ainda que tivesse o dom de profecia, e conhecesse todos os mistérios e todo o conhecimento, e ainda que tivesse toda a fé, de maneira tal que transportasse os montes, e não tivesse amor, nada seria. E ainda que distribuísse toda a minha fortuna para sustento dos pobres, e ainda que entregasse o meu corpo para ser queimado, e não tivesse amor, nada disso me aproveitaria. O amor é sofredor, é benigno; o amor não é invejoso; o amor não trata com leviandade, não se ensoberbece. Não se porta com indecência, não busca os seus interesses, não se irrita, não suspeita mal. Não folga com a injustiça, mas folga com a verdade. Tudo sofre, tudo crê, tudo espera, tudo suporta. O amor nunca falha; mas havendo profecias, serão aniquiladas; havendo línguas, cessarão; havendo conhecimento, desaparecerá. Porque, em parte, conhecemos, e em parte profetizamos. [...] Quando eu era menino, falava como menino, sentia como menino, pensava como menino, mas, logo que cheguei a ser homem, acabei com as coisas de menino.[...] Agora, pois, permanecem a fé, a esperança e o amor, estes três, mas o maior destes é o amor. "

– 1 Coríntios 13

Como descrito na primeira carta aos Coríntios, o amor é uma das sensações mais poderosas que podemos experimentar. Ele transcende o simples ato de carinho ou afeto; é uma força que transforma e conecta, uma energia vital que nutre corpo, mente e espírito e que molda nossos relacionamentos e nossa visão do mundo.

Quando falamos de amor, não estamos apenas nos referindo ao amor romântico, mas também ao amor-próprio, ao amor ao próximo e ao amor à vida. O amor-próprio, em particular, é fundamental para o bem-estar, pois é por meio dele que criamos relacionamentos saudáveis e construímos uma vida plena. Amar a si mesmo não é um ato egoísta, mas uma condição necessária para que possamos verdadeiramente amar os outros e, consequentemente, contribuir para um mundo melhor.

A ciência reforça o papel do amor em nossa saúde. Um estudo publicado na *Harvard Gazette*, que acompanhou homens por mais de oitenta anos, mostrou que aqueles que mantinham vínculos amorosos e de apoio apresentavam melhor saúde física e mental com o passar dos anos, comprovando que relacionamentos saudáveis são o maior preditor de uma vida longa e feliz.[59] Esse dado evidencia que o amor tem impacto direto em nosso bem-estar físico e emocional, atuando como uma força de plenitude e equilíbrio.

O amor afeta nosso corpo de maneiras surpreendentes. Quando o sentimos (seja por nós mesmos ou pelos outros), nosso cérebro libera hormônios como a oxitocina e a serotonina, conhecidos por reduzir o estresse e promover sensações de felicidade e bem-estar. A oxitocina, muitas vezes chamada de "hormônio do amor", também é responsável por diminuir os níveis de cortisol, o hormônio do estresse, contribuindo para uma saúde cardíaca melhor e uma resposta imunológica mais eficiente.

Assim, o amor pode ser literalmente sentido em nosso corpo. A sua ausência, por outro lado, pode resultar em estresse crônico, aumento da pressão arterial e até problemas cardíacos.

No que diz respeito à mente, o amor proporciona sensações de segurança e pertencimento. Quando amamos e somos amados, nossa mente se torna mais resiliente para enfrentar desafios e lidar com adversidades. Quem cultiva o amor-próprio tende a ter uma autoestima mais elevada e uma visão

---

[59] WALDINGER, R. Over Nearly 80 Years, Harvard Study Has Been Showing How to Live a Healthy and Happy Life. **Harvard Gazette**, 2017. Disponível em: https://news.harvard.edu/gazette/story/2017/04/over-nearly-80-years-harvard-study-has-been-showing-how-to-live-a-healthy-and-happy-life/. Acesso em: 21 jan. 2025.

mais positiva de si mesmo, o que o torna menos vulnerável a questões como depressão e ansiedade.

O amor, então, está diretamente ligado à saúde mental. Segundo a psicóloga Kristin Neff, especialista em autocompaixão, praticar o amor-próprio e a autocompaixão nos ajuda a lidar melhor com o estresse e a adversidade, promovendo um estado de equilíbrio emocional mais forte.[60] Isso é especialmente importante em um mundo onde as pressões externas muitas vezes nos levam à autocrítica severa e à falta de cuidado pessoal.

Amar não é apenas uma sensação, mas uma prática espiritual que nos conecta ao todo – quando o espírito é alimentado pelo amor, encontramos um estado de paz e harmonia com o mundo. Muitas tradições espirituais consideram o amor a expressão máxima da conexão com o divino, com o propósito de vida e com o próximo. A prática do amor nos ensina a ver além de nossas diferenças, a nos colocarmos no lugar do outro e a reconhecer o valor de cada ser. Quando treinamos a mente para amar incondicionalmente, nosso corpo e mente reagem de maneira positiva, levando a uma sensação de plenitude e realização.

AMOR-PRÓPRIO

A prática do amor deve começar de dentro para fora. O primeiro passo é o amor-próprio, pois, como mencionado anteriormente, só podemos amar verdadeiramente os outros quando nos amamos. Isso envolve cuidar de si, aceitar suas imperfeições e celebrar suas conquistas.

Em termos práticos, amor tem a ver com cuidado: quem ama, cuida. Isso pode incluir:

- **Cuidar do corpo:** exercitar-se regularmente, alimentar-se bem e descansar o suficiente são maneiras de amor-próprio. Quando cuidamos do corpo, estamos dizendo a nós mesmos que merecemos estar bem;
- **Cuidar da mente:** envolve praticar o autocuidado mental executando os exercícios que mencionei ou procurando a ajuda de um terapeuta;

---

[60] NEFF, K. **Autocompaixão:** pare de se torturar e deixe a insegurança pra trás. Rio de Janeiro: GMT, 2018.

- **Adotar práticas espirituais:** envolver-se em práticas como a meditação ou a oração, que promovem a conexão com algo maior, ajuda a cultivar o amor espiritual e a nos sentirmos parte de algo mais amplo.

AMOR PELO PRÓXIMO

Por sua vez, o amor aos outros se manifesta em nossos relacionamentos. Manter vínculos saudáveis – com amigos, familiares ou parceiros, e até com pessoas que você não conhece, mas que cruzam seu caminho – é vital para nosso bem-estar, mas exige generosidade emocional e a capacidade de ver o outro em sua totalidade, com suas forças e vulnerabilidades.

Pare por um momento e reflita: como você demonstra amor? Como ele impacta sua vida? O amor traz segurança, fortalece nossa identidade e pode ser a chave para desbloquear nosso verdadeiro propósito.

Eu sei disso porque vivi essa transformação. Quando conheci minha esposa, minha visão do mundo mudou completamente. Por meio do amor, eu me tornei uma nova versão de mim mesmo, e o resultado foi o nascimento da nossa filha Sara, que nos mostrou uma dimensão ainda maior de amor, o amor incondicional.

Agora, eu lhe pergunto: você está realmente aberto para o amor? Você se permite sentir, se conectar com outra pessoa e construir algo verdadeiro? Ou será que, como aconteceu comigo por muito tempo, você tem medo? Medo de se entregar, de errar, de se machucar?

Se há uma certeza sobre o amor, é esta: quando ele chega, ele transforma. E quando você encontra a pessoa certa, o amor incondicional o faz renascer. Você não apenas se relaciona com alguém, mas descobre um novo nível de si mesmo.

AMOR FAMILIAR

No núcleo familiar, o amor é peça-chave. Aceitar seus pais é um ato de amor: amor por terem dado o mais importante a você – a sua vida. Amar sua identidade, quem você é, seus ancestrais. Amar sua família também é amar a si mesmo, e isso pode ser revelador e transformador.

O amor pode vir de maneiras desafiadoras no núcleo familiar, isso é verdade. Há muitos casos de pessoas abusivas que buscam justificar o abuso com amor. Eu acredito que o verdadeiro amor só é alcançado com o desfrute do amor-próprio. Não se trata do outro, e sim de nós mesmos. Pessoas que dizem que morreriam pelos filhos estariam dispostas a viver por eles? Viver em sua máxima potência, com amor por si mesmo e pelos outros?

AMOR PELO MUNDO

Cultivar o amor-próprio e o amor pelos outros também se reflete na maneira como vemos o mundo ao nosso redor. Quando amamos verdadeiramente, somos movidos não apenas a agir com compaixão nas pequenas interações diárias, mas também a promover a empatia e a solidariedade.

Numerosos estudos reforçam os benefícios do amor para a saúde. O amor e os relacionamentos amorosos podem influenciar positivamente a saúde mental e a qualidade de vida, sendo considerados fatores de proteção psicológica.[61] Um estudo realizado pela Universidade de Exeter descobriu, por exemplo, que atos de bondade e compaixão aumentam significativamente os níveis de felicidade e satisfação pessoal, além de fortalecer laços sociais.[62]

Esses dados comprovam que o amor, quando praticado de maneira genuína – seja por meio do autocuidado ou da compaixão pelos outros –, atua como um "remédio" natural para corpo, mente e espírito. Ele fortalece nossos vínculos, melhora nossa saúde e nos conecta com algo maior. É algo pelo qual se vale lutar. Independentemente de crenças específicas, o amor é a essência que conecta tudo o que existe.

Há um mandamento que nos convida a amar a Deus sobre todas as coisas. Para mim, "sobre todas as coisas" não é um chamado para ignorar o mundo, mas para transcender as limitações materiais e reconhecer que a vida é infinitamente maior do que aquilo que podemos tocar ou acumular. Você é infinitamente maior do que qualquer problema ou situação.

---

[61] SCHLÖSSER, A. Interface entre saúde mental e relacionamento amoroso: um olhar a partir da psicologia positiva. **Pensando Famílias**, v. 18, n. 2, pp. 17-33, dez. 2014. Disponível em: https://pepsic.bvsalud.org/scielo.php?script=sci_arttext&pid=S1679-494X2014000200003. Acesso em: 14 mar. 2025.

[62] BEING Kind to Yourself Has Mental and Physical Benefits, Research Shows. **University of Exeter**. Disponível em: https://news-archive.exeter.ac.uk/featurednews/title_703807_en.html. Acesso em: 31 mar. 2025. .

Amar a Deus sobre todas as coisas significa priorizar o que é eterno, verdadeiro e essencial. Contudo, há um ensinamento igualmente poderoso: fomos criados à imagem e semelhança de Deus. Isso nos lembra que, dentro de cada um de nós, habita uma faísca divina. Amar a Deus, portanto, inclui reconhecer e respeitar essa presença em nós mesmos, ou seja, você deve se amar sobre todas as coisas. Logo, amar a si mesmo não é um ato de egoísmo, mas de reverência. É enxergar em nós a manifestação da obra de Deus e cuidar desse reflexo com carinho e responsabilidade. Quando amamos a nós mesmos, estamos honrando a criação divina e reconhecendo que só podemos dar ao mundo aquilo que cultivamos dentro de nós.

É por isso que o amor-próprio é um fundamento para o segundo grande mandamento: amar ao próximo como a nós mesmos. Sem esse amor por quem somos, qualquer tentativa de amar o outro será incompleta, limitada ou condicionada. Se não me amo, como darei amor ao outro?

E, ao vivermos esse amor, algo extraordinário acontece: ele transborda. Passamos a ver o outro como um igual que carrega a mesma essência divina. Assim, amar a Deus, a nós mesmos e ao próximo deixam de ser mandamentos separados e se tornam um ciclo único e harmonioso, em que o amor começa no interior e se expande para transformar o mundo.

É nesse movimento que compreendemos que "sobre todas as coisas" não significa colocar algo acima de nós, mas sim encontrar, em tudo, a essência maior que nos une e nos eleva.

O Deus que habita em mim saúda o Deus que habita em você. Namastê. Amar muda você e muda o mundo.

EXERCÍCIOS PRÁTICOS PARA DESENVOLVER E FORTALECER O AMOR EM SUA VIDA

1. **Amor-próprio e autoaceitação:** todos os dias, escolha um aspecto positivo em você e celebre-o. Seja uma característica física ou uma habilidade, aprenda a se valorizar e a cultivar o amor-próprio, talvez com um ritual diário.

2. **Amor pelos outros:** escreva uma carta de amor ou de gratidão para alguém que teve um impacto positivo em sua vida. Expressar amor e gratidão fortalece os vínculos e nutre o coração.

3. **Práticas de amor:** diariamente, pratique um ato de amor com um estranho, um amigo ou um ente querido. Gestos simples de gentileza e bondade ajudam a nutrir o amor pelo mundo e, consequentemente, mostram seu amor por si mesmo. Só alguém que se ama é capaz de amar um desconhecido e o ajudar sem pedir nada em troca.

4. **Linguagens do amor:** no livro *As cinco linguagens do amor*, Gary Chapman apresenta maneiras pelas quais expressamos e recebemos amor: palavras de afirmação, tempo de qualidade, presentes, atos de serviço e toque físico.[63] Para descobrir sua linguagem, pense no que mais o faz se sentir amado. Experimente expressar cada uma dessas linguagens e observe qual delas tem mais impacto em você. Isso pode ser extremamente transformador em seu relacionamento a dois – entender como você e seu cônjuge falam a língua do amor pode evitar ruídos no relacionamento. Às vezes é como se as duas pessoas estivessem falando "Eu te amo" ao mesmo tempo, mas uma em japonês e a outra em português.

> **"Você mesmo, tanto quanto qualquer pessoa em todo o universo, merece seu amor e carinho."**
>
> – Buda[64]

---

[63] CHAPMAN, G. **As cinco linguagens do amor**: como expressar um compromisso de amor a seu cônjuge. São Paulo: Mundo Cristão, 1997.

[64] MARQUETTO, R. A. 50 frases sobre amor-próprio para aumentar sua autoestima. **Clínica Pontual**, 9 fev. 2025. Disponível em: www.pontualpsiquiatria.com.br/post/50-frases-sobre-amor-proprio. Acesso em: 27 fev. 2025.

13.
Alegria

"A alegria é a alma da vida."

– Machado de Assis[65]

A alegria é uma emoção poderosa e transformadora, muitas vezes subestimada em meio às preocupações do cotidiano. Ela é o reflexo de um estado de bem-estar profundo, que surge não apenas em momentos de grandes conquistas, mas também nos pequenos prazeres diários. A verdadeira alegria não depende de circunstâncias externas; é uma sensação interna, uma energia, uma emoção, uma postura diante da vida.

Pesquisas recentes apontam que a alegria é uma das principais emoções responsáveis pelo bem-estar e pela longevidade. Martin Seligman, fundador da psicologia positiva, identificou que pessoas que cultivam emoções positivas como alegria e gratidão tendem a ter vidas mais longas, relacionamentos mais saudáveis e uma saúde mental mais robusta.[66]

A alegria – ao contrário de estados emocionais como a euforia, que é momentânea e superficial – tem a capacidade de gerar uma sensação duradoura de paz interior. Ela se manifesta quando nos conectamos com aquilo que realmente importa para nós: relacionamentos, trabalho e/ou momentos de lazer. A verdadeira alegria está intimamente ligada ao desfrute, à aceitação, ao contentamento com o presente e ao profundo respeito pelo próprio ser.

---

[65] ASSIS, M. de. **Obra Completa de Machado de Assis**. Rio de Janeiro: Nova Aguilar, Vol. III, 1994. Disponível em: https://machado.mec.gov.br/obra-completa-lista/item/download/45_ea040963b104e779a661f26690195654. Acesso em: 3 jun. 2025.

[66] SELIGMAN, M. E. P. **Flourish**: A Visionary New Understanding of Happiness and Well-being. Nova York: Free Press, 2011.

A ALEGRIA NO CORPO

A alegria pode ser sentida diretamente no corpo. Quando a experimentamos, o corpo responde de modo visível: sorrimos, relaxamos, comemoramos e renovamos as energias. A alegria provoca a liberação de endorfinas, conhecidas como os hormônios da felicidade, além de reduzir os níveis de cortisol. Isso traz efeitos fisiológicos imediatos, como a diminuição da pressão arterial, o fortalecimento do sistema imunológico e o aumento da resistência física.[67]

Pesquisas conduzidas pela Harvard Medical School descobriram que pessoas que regularmente vivenciam a alegria têm menos risco de desenvolver doenças cardíacas e condições relacionadas ao estresse, como hipertensão e diabetes. A alegria, ao nutrir o corpo com endorfinas e oxitocina, funciona como um verdadeiro combustível para a saúde física.[68]

A ALEGRIA NA MENTE

A alegria atua como um catalisador de pensamentos positivos, nos ajudando a enxergar as situações com mais clareza e otimismo, reduzindo o impacto das emoções negativas e fortalecendo nossa resiliência emocional. A psicologia cognitiva revela que emoções positivas como a alegria expandem nossa capacidade mental, nos tornando mais criativos e com mais facilidade para solucionar problemas. Segundo Barbara Fredrickson, uma das maiores pesquisadoras no campo das emoções positivas, a alegria estimula o chamado "pensamento amplo e construtivo", que amplia nossos horizontes e nos ajuda a encontrar soluções inovadoras para desafios.[69]

---

[67] OS HORMÔNIOS da felicidade: como desencadear efeitos da endorfina, oxitocina, dopamina e serotonina. **BBC Brasil**, 2 abr. 2017. Disponível em: www.bbc.com/portuguese/geral-39299792. Acesso em: 21 jan. 2025.

[68] HAPPINESS & health. **Harvard T.H. Chan School of Public Health**, 15 dez. 2010. Disponível em: https://hsph.harvard.edu/news/happiness-stress-heart-disease/. Acesso em: 21 jan. 2025.

[69] FREDRICKSON, B. L. The Role of Positive Emotions in Positive Psychology: The Broaden-and-build Theory of Positive Emotions. **American Psychologist**, v. 56, n. 3, pp. 218-226, 2001. Disponível em: https://psycnet.apa.org/doi/10.1037/0003-066X.56.3.218. Acesso em: 21 jan. 2025.

A ALEGRIA NO ESPÍRITO

Diferentemente de prazeres momentâneos ou sensações passageiras de felicidade, a alegria espiritual surge da conexão profunda com o nosso propósito. Quando vivemos em alinhamento com nossos valores e nossa essência, a alegria emerge como uma consequência natural. Essa conexão espiritual nos oferece paz mesmo em momentos de adversidade e nos faz perceber que há beleza e aprendizado em cada experiência.

Muitas tradições espirituais veem a alegria como um estado de graça, um reflexo da alma em harmonia com o universo. A prática de meditação voltada para a autocompaixão e a gratidão tem sido associada a um aumento nos níveis de alegria uma vez que nos ajudam a enfocar o presente e a reconhecer a abundância que já existe em nossas vidas.

A ALEGRIA NOS RELACIONAMENTOS

Quando nos sentimos alegres, estamos mais abertos a conexões genuínas uns com os outros. Além disso, a alegria é contagiante, criando um ciclo positivo de interação e promovendo laços mais fortes e mais saudáveis. Pesquisadores da Universidade de Illinois e da Universidade da Pensilvânia descobriram que pessoas alegres têm mais facilidade de criar e manter relacionamentos duradouros, tanto no âmbito familiar e social quanto no profissional.[70]

A ALEGRIA NO TRABALHO

A alegria está diretamente ligada à produtividade e à criatividade, pois nos dá maior motivação para enfrentar desafios e encontrar soluções inovadoras. Um estudo da Universidade de Warwick revelou que a alegria aumenta a produtividade em até 12%, o que demonstra o impacto direto dessa emoção no ambiente profissional.[71]

---

[70] DIENER, E.; SELIGMAN, M. E. P. Very Happy People. **Psychological Science**, v. 13, n. 1, pp. 81-84, 2002. Disponível em: https://journals.sagepub.com/doi/abs/10.1111/1467-9280.00415. Acesso em: 27 mar. 2025.

[71] FELICIDADE no trabalho aumenta produtividade em 12%, diz pesquisa. **Portal Melhor RH**, 10 ago. 2019. Disponível em: https://melhorrh.com.br/felicidade-no-trabalho-aumenta-produtividade-em-12-diz-pesquisa/. Acesso em: 27 fev. 2025.

Além disso, a alegria nos permite lidar melhor com o estresse e a pressão do dia a dia, facilitando a tomada de decisão e promovendo um ambiente de trabalho mais colaborativo e positivo. Quando nos sentimos alegres, tendemos a compartilhar essa emoção com os colegas, criando uma atmosfera mais leve e engajada.

EXERCÍCIOS PRÁTICOS PARA CULTIVAR A ALEGRIA

Assim como qualquer emoção, a alegria pode – e deve – ser cultivada. Não estamos à mercê dos acontecimentos externos para sentir alegria. Pelo contrário, podemos tomar medidas práticas para desenvolvê-la em nosso cotidiano, mesmo em meio às adversidades.

Aqui estão algumas práticas que podem ajudá-lo nisso:

1. **Reforço do motivo feliz:** comece cada dia listando três coisas pelas quais você é grato, coisas que o fazem sentir alegria só por existir ou por fazer parte de você. Você pode repetir a frase "Eu sou feliz em ser eu mesmo", por exemplo.

2. **Momentos de alegria:** o que você realmente gosta de fazer? O que lhe dá alegria? Qual atividade se torna um fim em si mesmo para você? De qual atividade você desfruta? Reserve um tempo para fazer atividades que lhe tragam prazer, seja ler um livro, caminhar ao ar livre ou ouvir sua música favorita. Esses pequenos momentos de alegria recarregam a energia e confirmam sua alegria em ser você mesmo.

3. **Busque risadas:** o riso é uma das formas mais poderosas de liberar a tensão e estimular a produção de endorfina. Assista a um filme de comédia ou passe tempo com pessoas que o façam rir.

4. **Meditação para a alegria:** praticar meditações que focam estados emocionais positivos, como a meditação da alegria ou a da gratidão, ajuda a treinar a mente para se concentrar no que é bom.

5. **Conexões sociais:** estar cercado de pessoas que você ama e com quem se sente bem é fundamental para cultivar a alegria. Participe de encontros sociais ou mantenha contato com amigos e familiares que trazem leveza à sua vida.

Como vimos, a ciência nos mostra que cultivar a alegria tem benefícios profundos para corpo, mente e espírito; ela aumenta nossas chances de viver mais, evita doenças crônicas e eleva nosso nível de satisfação com a vida. No corpo, ela se manifesta como saúde e vitalidade; na mente, como clareza e otimismo; no espírito, como paz e conexão. Quando aprendemos a nutrir a alegria em todas essas dimensões, começamos a vivenciar uma vida mais equilibrada e plena.

Além disso, a neurociência revela que, com a prática constante, podemos "treinar" nosso cérebro para se concentrar no positivo, diminuindo os efeitos de emoções negativas. Isso é conhecido como "neuroplasticidade", a capacidade do cérebro de se adaptar e mudar ao longo do tempo. Ao focar conscientemente a alegria e o que nos traz felicidade, estamos literalmente reconfigurando nossas redes neurais para experimentar mais bem-estar.

Cultivar a alegria pode ser a única coisa que você precisa para mudar de vida. A alegria muda você e muda o mundo.

"A alegria evita mil males e prolonga a vida."

– William Shakespeare[72]

---

[72] GODINHO, S. Shakespeare: "A alegria evita mil males e prolonga a vida". **Rondoniagora**, 3 nov. 2014. Disponível em: www.rondoniagora.com/artigos/shakespeare-34-a-alegria-evita-mil-males-e-prolonga-a-vida-34. Acesso em: 27 fev. 2025.

14.
Gratidão

> ## "A gratidão é a memória do coração."
> – Jean-Baptiste Massillon[73]

Dois amigos estavam conversando. Um deles desabafava, reclamando da vida: "Ah, nada dá certo, tudo está tão difícil, nada vai para a frente. Minha situação financeira está um desastre, parece que o universo conspira contra mim…".

O outro amigo, que era bilionário, ouvia atentamente, até que interrompeu: "Meu amigo, me responda uma coisa: você quer 1 milhão de dólares? Se eu lhe der 1 milhão agora, você para de reclamar?".

Surpreso, o amigo respondeu: "Claro! Quem não aceitaria 1 milhão de dólares?". O bilionário sorriu e continuou: "E se eu lhe oferecesse 10 milhões de dólares? Aceitaria também?".

"Dez milhões? Óbvio! Eu aceitaria na hora!", disse ele, com os olhos brilhando. O bilionário olhou fixamente para ele e perguntou: "E 100 milhões de dólares? Agora mesmo, na sua mão, 100 milhões para você. Mas tem uma condição: você não vai acordar amanhã. Você morre hoje. Ainda quer o dinheiro?".

O amigo ficou perplexo; e sua expressão mudou imediatamente. Ele respondeu sem hesitar: "Não, claro que não! Que absurdo!".

Foi então que o bilionário, com um sorriso sereno, disse: "Está vendo? Todos os dias, quando você acorda, sua vida vale mais do que 100 milhões de dólares. Vale mais do que qualquer dinheiro no mundo. Nada é mais valioso do que ela. Então, por que você está a desperdiçando reclamando? Você é infinitamente maior do que qualquer problema, qualquer situação. Acorde todos os dias com gratidão, olhe para o céu e diga: 'Obrigado, meu Deus'. Porque você já tem o maior presente que poderia receber: a sua vida".

---

[73] A GRATIDÃO é a memória do coração: o poder transformador da gratidão. **Vamos Rezar**, 15 set. 2023. Disponível em: https://vamosrezar.com.br/a-gratidao-e-a-memoria-do-coracao-2/. Acesso em: 27 fev. 2025.

Essa história carrega uma lição poderosa. Quantas vezes nos esquecemos de valorizar o simples ato de acordar? Estamos tão presos às nossas frustrações e desafios, e não percebemos o quão rico já somos apenas por estarmos vivos.

A vida é o maior presente que você pode receber. Não há fortuna que possa comprá-la, e você a recebe gratuitamente a cada amanhecer. Por isso, comece o dia agradecendo. Reconheça que, só pelo fato de estar vivo, você já é mais rico do que poderia imaginar.

Entre as sensações mais poderosas e transformadoras que podemos cultivar, a gratidão se destaca por seu impacto profundo e duradouro. Mais do que um simples "obrigado", a gratidão é um estado de ser, um modo de ver a vida através das lentes da apreciação. Para mim, é a capacidade de enxergar milagre em tudo aquilo que é óbvio. Explico: ler este texto requer inteligência, instrução e, talvez, visão. Isso parece óbvio, mas o ato de ler é um grande milagre. Só o fato de você puxar o ar e estar vivo já é motivo de gratidão inesgotável.

A ciência tem demonstrado que a gratidão não apenas nos faz sentir bem, mas também transforma nossa saúde mental, física e emocional. Quando expressamos gratidão de maneira autêntica, criamos uma ponte entre o que temos e o que desejamos, trazendo uma sensação de plenitude ao presente e abrindo caminho para um futuro mais abundante.

A neurociência nos mostra que pessoas que praticam a gratidão de modo consistente são mais felizes, menos propensas à depressão e mais saudáveis física e mentalmente. Elas também tendem a ter relacionamentos mais fortes e maior resiliência emocional diante dos desafios.[74]

Praticar gratidão diariamente reconfigura nossa percepção de mundo, mudando o foco da escassez para a abundância. Em vez de nos concentrarmos no que falta, começamos a valorizar o que já temos. Você pode, neste exato momento, agradecer pela sua visão, pela sua audição, por estar lendo e compreendendo este texto. Quantas pessoas gostariam de ter o que você tem?

Como mencionei, para mim, gratidão é isto: enxergar o milagre em tudo aquilo que parece óbvio. Acostumados com a própria capacidade, podemos não lembrar que não trocaríamos o que temos por nenhum dinheiro do

---

[74] TRAVERS, M. Por que praticar a gratidão é indispensável, segundo a neurociência. **Forbes Brasil**, 26 maio 2024. Disponível em: https://forbes.com.br/forbessaude/2024/05/por-que-praticar-a-gratidao-e-indispensavel-segundo-a-neurociencia/. Acesso em: 16 mar. 2025.

mundo. Esse ajuste de perspectiva é poderoso, porque nos tira da mentalidade de vítima e nos coloca em um estado de criação ativa e receptividade, pronto para novas oportunidades e conquistas.

A gratidão, assim como a alegria, tem efeitos profundos no corpo. Estudos conduzidos pela Universidade de Harvard revelam que pessoas que praticam gratidão regularmente têm melhores indicadores de saúde cardiovascular, níveis reduzidos de inflamação e um sistema imunológico mais robusto. A gratidão também está associada à melhoria na qualidade do sono e à redução dos sintomas de ansiedade e depressão.[75]

A GRATIDÃO E O CORPO

O corpo responde à gratidão com equilíbrio hormonal, liberando dopamina e serotonina, neurotransmissores responsáveis pela sensação de bem-estar e contentamento. Dessa forma, ao expressar gratidão, estamos literalmente ajudando nosso corpo a se restaurar, criando um ambiente interno propício à saúde e ao equilíbrio.

A GRATIDÃO E A MENTE

A gratidão tem um papel fundamental no fortalecimento da resiliência emocional e na promoção de pensamentos positivos. A prática da gratidão reconfigura as redes neurais, treinando o cérebro para se concentrar em aspectos positivos da vida, o que reduz a influência de pensamentos negativos.

A GRATIDÃO E O ESPÍRITO

A gratidão também nos conecta ao nosso espírito. Ela nos lembra de que, mesmo nos momentos mais difíceis, há algo a ser valorizado. Muitas tradições espirituais consideram a gratidão um princípio fundamental para uma vida plena e conectada com o divino. O ato de reconhecer e agradecer pelas bênçãos, grandes ou pequenas, nos coloca em harmonia com o universo e com o fluxo natural da vida.

---

[75] GRATIDÃO é um hábito associado a diversos benefícios à saúde, indica especialista de Harvard. **Summit Saúde**, 12 set. 2024. Disponível em: https://summitsaude.estadao.com.br/saude-humanizada/gratidao-e-um-habito-associado-a-diversos-beneficios-a-saude-indica-especialista-de-harvard/. Acesso em: 21 jan. 2025.

A GRATIDÃO E OS RELACIONAMENTOS

Quando expressamos gratidão pelas pessoas ao nosso redor, não só fortalecemos os laços que nos unem, mas também geramos um ciclo positivo de reciprocidade. Estudos do *Journal of Personality and Social Psychology* mostram que pessoas que expressam gratidão em suas relações experimentam maior satisfação, menos conflitos e um senso mais forte de conexão emocional.[76]

A GRATIDÃO E O TRABALHO

No ambiente profissional, a gratidão pode ser uma ferramenta poderosa para criar uma cultura de apoio e colaboração. Quando líderes expressam gratidão de maneira genuína, a moral da equipe aumenta, a produtividade melhora e o ambiente de trabalho se torna mais harmonioso: um estudo da Universidade de Michigan mostrou que trabalhadores que se sentem apreciados são mais engajados, leais e propensos a colaborar com seus colegas.[77]

Embora pareça simples, a prática diária da gratidão pode ser profundamente transformadora. Quando escolhemos focar o que é bom, estamos conscientemente criando um ciclo de positividade que se estende a todas as áreas da nossa existência.

EXERCÍCIOS PRÁTICOS PARA CULTIVAR A GRATIDÃO NO DIA A DIA

1. **Diário de gratidão:** reserve alguns minutos no fim do dia para escrever três coisas pelas quais você é grato. Caso não tenha papel e caneta, faça essa atividade mentalmente. Você pode escolher desde pequenas conquistas até aspectos mais profundos. Escrever ajuda a reforçar esses sentimentos positivos.

---

[76] GORDON, A. M. *et al*. Gratitude Promotes Relationship Maintenance Through the Fostering of Mutual Appreciation. **Journal of Personality and Social Psychology**, v. 105, n. 1, pp. 102-114, 2013. Disponível em: https://pubmed.ncbi.nlm.nih.gov/22642482/. Acesso em: 27 mar. 2025.

[77] CAMERON, K.; DUTTON, J. E.; QUINN, R. E. **Positive Organizational Scholarship**: Foundations of a New Discipline. Ann Arbor: University of Michigan Press, 2003.

2. **Meditação da gratidão:** feche os olhos e respire profundamente. Traga à mente uma pessoa, experiência ou coisa pela qual você é grato. Visualize a gratidão preenchendo seu corpo, criando uma sensação de calor e paz. Essa prática simples pode mudar sua energia em questão de minutos.

3. **Agradeça pessoalmente:** sempre que possível, expresse sua gratidão diretamente. Isso pode ser feito pessoalmente, por mensagem ou até mesmo com uma carta. A expressão genuína de gratidão fortalece os laços humanos e cria um ciclo de reciprocidade.

4. **Gratidão antecipada:** pratique a gratidão não apenas pelo que já aconteceu, mas também pelo que está por vir. Visualize seus objetivos futuros e seja grato por eles como se já os tivesse alcançado. Essa técnica é poderosa, pois coloca você em um estado de abertura e confiança.

Como em todos os pilares deste método, a gratidão está profundamente conectada ao equilíbrio entre corpo, mente e espírito. Ao cultivarmos a gratidão, criamos um ciclo de bem-estar que permeia todas essas dimensões. No corpo, ela promove saúde e vitalidade; na mente, cria um espaço de clareza e paz; no espírito, nos conecta com o fluxo da vida e nos ajuda a encontrar propósito e significado.

O cultivo da gratidão nos leva a uma compreensão mais profunda de quem somos e do nosso lugar no mundo. Ele nos faz perceber que, independentemente das circunstâncias externas, há sempre algo pelo que ser grato. E, ao enfocarmos a gratidão, mudamos a maneira como olhamos para tudo, e o mundo muda.

> **"Se a única oração que você fizer em toda a sua vida for 'obrigado', isso será suficiente."**
>
> – Meister Eckhart[78]

---

[78] CÂNDIDO, P. M. Renovando a alma para o novo ano: uma jornada de esperança e propósito. **Portal Arcos**, 28 dez. 2024. Disponível em: www.portalarcos.com.br/noticia/34993/renovando-a-alma-para-o-novo-ano-uma-jornada-de-esperanca-e-proposito. Acesso em: 28 fev. 2025.

PASSO EXTRA – Hipnose

> **"A maioria das pessoas caminha pelo mundo em um transe de desmotivação. Nosso trabalho é transformar isso em um transe de capacitação."**
>
> – Milton H. Erickson[79]

Você já ouviu falar em hipnose? Muitas pessoas têm um conceito equivocado sobre essa prática, acreditando que se refere a um controle absoluto da mente, no qual o hipnólogo tem poder sobre a pessoa hipnotizada. Quero começar o capítulo quebrando esse mito.

A verdade é que toda hipnose é, na realidade, uma auto-hipnose. E, mais do que isso, a hipnose pode ser uma ferramenta poderosa para você se conhecer melhor e superar desafios, ajudando a acessar a vida que realmente deseja para si.

A hipnose é, tecnicamente, uma sugestão que atravessa o fator crítico da mente consciente e se estabelece na mente subconsciente como um pensamento ou sentimento aceitável. Mas mais importante do que entender a definição técnica é guardar esta ideia simples: a hipnose acontece quando uma sugestão traz a você uma emoção. Simples assim.

Pense em quando você está assistindo a um filme. Você se concentra, se conecta com a história e, de repente, se emociona. Pode ser que dê risada, chore de tristeza, sinta medo, leve um susto ou até mesmo sinta raiva com uma cena. O que aconteceu? Você foi hipnotizado – ou melhor, passou por uma auto-hipnose. Você não dormiu nem abriu um portal místico para Nárnia, e o filme não invadiu sua mente para controlar você. Foi você que, ao focar e se permitir, abriu espaço a experiências e sugestões que trouxeram emoções.

Entender essa dinâmica é fundamental para que você consiga trabalhar suas emoções, seja nos exercícios deste livro ou em qualquer outro contexto

---

[79] ERICKSON, M. H. *In:* PENSADOR. Disponível em: www.pensador.com/frase/Mjg5NT gxNQ/. Acesso em: 6 mar. 2025.

da sua vida. Você precisa treinar o foco para se permitir liberar emoções e aceitar novas ideias.

Perceba: você é hipnotizado todos os dias, muitas vezes sem perceber. Por isso, é essencial filtrar as sugestões que você recebe ao longo do dia. Somos constantemente inundados por informações, muitas delas negativas, e essas sugestões podem trazer emoções negativas para você, alimentando problemas emocionais que você talvez nem tenha percebido ainda.

Comece a prestar atenção. Que emoções você está absorvendo das sugestões à sua volta? Como essas sugestões estão influenciando sua maneira de pensar, sentir e agir?

A boa notícia é que, ao entender que toda hipnose é uma auto-hipnose, você também entende que tem o poder de escolher as sugestões que aceita. Você pode treinar seu foco para acolher o que o fortalece e liberar o que não serve mais. E essa é uma das maiores ferramentas de transformação que você pode ter.

Muitas vezes, no consultório, as pessoas me perguntam: "Neto, será que eu consigo ser hipnotizado? Será que eu consigo entrar em hipnose?". E a resposta é simples: hipnose é foco e concentração em uma sugestão que traz uma emoção. Hipnose não precisa, de maneira alguma, ser algo esotérico e misterioso. Muito menos tem a ver com perda de consciência ou dormir. Repito: hipnose é, na verdade, aceitar sugestões que despertam emoções.

Mas aqui está o ponto que transforma tudo: se você está vivendo ansioso, deprimido, com síndrome do pânico, ou se você se sente preso a relações abusivas, a situações que não quer mais na sua vida, talvez a questão não seja "entrar em hipnose". Na verdade, você precisa sair da hipnose em que está vivendo.

Isso mesmo. Talvez você esteja vivendo focado em uma sugestão negativa, preso a uma ideia de medo, tristeza, raiva ou limitação, como se sua vida fosse só isso. É como se você estivesse hipnotizado por esses pensamentos e emoções negativas, e a solução é despertar. Sair dessa hipnose negativa é o que realmente vai libertar você.

Então, perceba: hipnose não é um trânsito místico ou um estado alterado de consciência. É um fenômeno natural, que acontece sempre que você se concentra em algo que provoca uma emoção. Isso acontece todos os dias, quer você perceba ou não. Dominar essa ferramenta pode ser incrivelmente poderoso para seu autoconhecimento e para desenvolver sua inteligência emocional.

Aliás, foi exatamente essa ferramenta que abriu a porta do autoconhecimento para mim. Foi por meio da hipnose que entrei no universo do desenvolvimento pessoal e me conectei com informações e professores que mudaram minha vida. Por isso, deixo aqui minha profunda gratidão a todos que compartilharam seus ensinamentos sobre hipnose e hipnoterapia. Isso já ajudou muita gente e vai ajudar ainda mais.

Agora eu o convido: comece a despertar. Identifique as hipnoses negativas que estão lhe prendendo e abra espaço a novas sugestões, novas emoções e novas possibilidades para a sua vida. Você tem o poder de transformar tudo. Entender esse mecanismo da sua mente é um passo crucial para compreender sua identidade, suas memórias e as emoções que geraram memórias profundas e que hoje moldam os seus comportamentos e resultados.

Pense em como figuras de autoridade, como seus pais, professores ou relacionamentos afetivos, têm o poder de despertar essa auto-hipnose. Quais são as sugestões, palavras ou situações que despertam emoções em você? Identificar isso é o início de um processo de autoconhecimento incrivelmente transformador.

Vou dar um exemplo: se eu dissesse agora que você é verde, provavelmente isso não o incomodaria. Por quê? Porque você tem plena clareza de que não é verde. Mas se alguém dissesse algo como "Você é burro" e isso o incomodasse, é porque, em algum lugar dentro de você, essa ideia pode estar conectada à sua identidade – mesmo que de modo inconsciente.

O que isso significa? Que a sugestão encontrou uma porta aberta na sua mente.

Tudo aquilo que o incomoda é seu. Tudo aquilo que alguém fala e que desperta emoções em você está atuando como uma hipnose. E isso não diz nada sobre os outros; diz tudo sobre você. Esse é um dos maiores aprendizados do autoconhecimento: perceber que as sugestões e emoções que você acolhe revelam quem você é e como se enxerga.

COMO USAR A HIPNOSE DE MANEIRA PRODUTIVA

Existem duas maneiras principais de usar a hipnose em benefício próprio. A primeira é estimulando o seu foco e a sua concentração, para que cultive uma maior presença no agora. A segunda é utilizando técnicas terapêuticas que ajudem você a liberar emoções negativas, revisitar memórias do passado e ressignificá-las, trazendo coisas positivas para o presente.

A auto-hipnose é incrivelmente poderosa porque funciona por meio de três elementos fundamentais: uma sugestão, uma emoção e a congruência com a sua identidade. Quando você consegue alinhar esses três pontos, você transforma tudo. Rituais de autoafirmação e até mesmo práticas como a lei da atração se tornam muito mais eficazes quando você entende que o segredo está em ativar o seu coração e trazer emoções que estejam alinhadas com quem você realmente é.

Eu quero que você experimente a auto-hipnose de modo simples e leve. Pense nela como uma meditação guiada: tudo o que você precisa fazer é seguir as instruções, se concentrar, imaginar e trazer o máximo de emoção para as suas imaginações. Quanto mais praticar, mais poder vai perceber que tem sobre a sua própria mente, suas emoções e, consequentemente, sua vida. Não se preocupe com o que não tem resposta definitiva e foque o que realmente importa: como essas experiências podem transformar a sua vida. Isso também é um aprendizado de controle. Buscar respostas apenas por entretenimento ou por curiosidade, como saber se você foi o "John que cavalgava em Londres em 1842", não muda nada. O que importa é o contexto: como isso pode mudar sua vida atual? Como você pode usar essas informações para tomar decisões que o conectem à sua identidade real?

A analogia da "vida passada" é poderosa porque nos ensina que morrer para uma versão antiga de si mesmo é como atravessar uma ponte para uma nova vida, sem ter como voltar. Essa morte simbólica representa uma decisão irreversível: não há volta, não há plano B, não há outra opção.

Quero compartilhar uma história que ilustra isso: dois exércitos estavam em guerra, e a batalha decisiva aconteceria em uma ilha. Um exército atravessou uma ponte para chegar à ilha, e, ao longe, avistaram o exército inimigo – maior, mais bem armado e extremamente confiante. O medo começou a crescer entre os soldados. Eles olhavam para trás, para a ponte, como uma opção de fuga caso perdessem a batalha.

O general, percebendo isso, tomou uma decisão drástica: ordenou que a ponte fosse queimada. Sem a ponte, não havia como recuar. A única opção era lutar e vencer. E eles venceram. Não havia outra alternativa. Quando não temos um plano para o fracasso, nos forçamos a fazer dar certo. Queimar a ponte é uma decisão simbólica de renascer para uma nova vida, uma decisão que não permite retroceder.[80]

Decida abandonar velhos padrões, velhas histórias e crenças que não estão alinhadas com a sua verdadeira identidade. Queime a ponte. Viva sua nova vida sem negociação. E descubra o que significa viver plenamente conectado ao seu verdadeiro ser.

HYPNOMUSIC

Falando sobre hipnose, vamos refletir sobre uma das sugestões mais poderosas para nossa mente: a música. Você já parou para pensar em quais músicas tem escutado e como elas podem influenciar a sua identidade? Como podem moldar a maneira como você se vê, como percebe o mundo e como sente suas emoções?

A música é uma presença constante no nosso cotidiano, mas o que poucas pessoas conhecem é o seu poder terapêutico. A música tem a capacidade de estimular, com uma potência elevada, a neuroplasticidade no cérebro (lembrando que neuroplasticidade é o termo utilizado para descrever a habilidade do cérebro de criar novas conexões e se reorganizar, trazendo mudanças profundas). Isso é uma verdadeira revolução, especialmente para aqueles que acreditam estar presos a quem são, sem possibilidade de mudança.

O que a neuroplasticidade nos ensina é que mudar é possível. E a música se destaca como uma ferramenta incrível nesse processo, pois ativa várias regiões do cérebro simultaneamente, potencializando transformações internas. Inspirado por esse conhecimento e empoderado pelo poder da hipnose, eu desenvolvi o HypnoMusic, um projeto inovador que ▶

---

[80] O conceito de "queimar pontes" tem raízes históricas. Uma das referências mais antigas é a estratégia militar atribuída a Hernán Cortés, o conquistador espanhol, que, ao chegar ao México em 1519, teria queimado seus navios para impedir qualquer possibilidade de retirada, forçando seus homens a avançar na conquista. Embora a versão mais aceita seja que ele afundou os navios, a essência da estratégia permanece a mesma: eliminar a opção de recuo para garantir o comprometimento total.

combina o poder da hipnose com a terapia e a música para criar experiências de autoconhecimento e desenvolvimento emocional.

O HypnoMusic é uma ferramenta que utiliza a capacidade da hipnose para concentrar sua atenção e despertar emoções profundas, aliada a músicas projetadas para ativar a neuroplasticidade. Por meio dessas vivências, é possível abordar temas essenciais como autoconhecimento, inteligência emocional, autoperdão, relação com pai e mãe, sucesso e muitos outros.

Durante as sessões de HypnoMusic, você será guiado por experiências terapêuticas que vão além das palavras ou da música: você será convidado a cantar, a escutar e a se conectar às emoções de uma maneira que talvez nunca tenha experimentado antes. Essa combinação de técnicas gera um impacto profundo e possibilita transformações que, de outra maneira, poderiam ser mais desafiadoras de alcançar.

Portanto, eu o convido a conhecer o HypnoMusic e explorar como essa abordagem inovadora pode transformar sua vida. Pessoas que enfrentaram questões emocionais desafiadoras já vivenciaram resultados extraordinários por meio dessas experiências musicais. E, quando você experimentar, eu gostaria de ouvir o seu feedback. Me marque nos *stories*, compartilhe como foi a sua experiência e conte como o HypnoMusic lhe ajudou a despertar novas possibilidades em sua vida.

Use a câmera do seu celular para ler o QR Code ou digite
https://spoti.fi/4mtHhLE
em seu navegador e confira!

Esse é um dos maiores aprendizados do autoconhecimento: perceber que as sugestões e emoções que você acolhe revelam quem você é e como se enxerga.

O poder do egoísmo consciente
@porvivaldoneto

PARTE 4

Uno é igual ao todo

> **"Ninguém pode ser escravo de sua identidade: quando surge uma possibilidade de mudança é preciso mudar."**
>
> – Elliot Gould[81]

Agora que falamos de corpo, mente e espírito, chegamos àquilo que une todas essas esferas: a sua identidade. Ela é a forma como você se vê e vê o mundo. E o que é real, afinal, se não os estímulos que passam pelo seu filtro físico, mental e espiritual? Todas as suas crenças e seus valores, o ambiente em que você cresceu, os pais que teve, a língua que fala – tudo isso influencia quem você é.

É claro que você carrega fatores genéticos e que existem questões fisiológicas inscritas no seu DNA, mas o ambiente em que você vive e os estímulos que você recebe ativam muito mais as potencialidades do seu DNA do que você pode imaginar. O resultado final de quem você é a soma de dois elementos principais: a sua base – a essência fisiológica e genética inscrita no seu DNA – e as influências externas que moldaram você.

Quando falamos de influências externas, falamos das crenças que você absorveu de pais, avós, filmes, família etc., além de histórias que você ouviu e experiências que viveu – aquelas que trouxeram aprendizados positivos e negativos, e que, por vezes, deixaram marcas profundas: os traumas, já mencionados no terceiro capítulo deste livro.

Esses traumas, por sua vez, podem ser entendidos como aprendizados negativos que você carrega. Eles são interpretações de experiências que, em algum momento, serviram para proteger você ou ensiná-lo, mas que hoje podem estar limitando o seu potencial. E, assim, tudo aquilo que acontece na sua vida contribui para formar sua visão do mundo e, por consequência,

---

[81] NINGUÉM pode ser escravo de sua identidade… (Elliot Gould). **Frades Franciscanos**, 28 jul. 2015. Disponível em: https://fradesfranciscanos.com.br/meditacao/ninguem-pode-ser-escravo-de-sua-identidade-quando-surge-uma-possibilidade-de-mudanca-e-preciso-mudar-elliot-gould. Acesso em: 28 fev. 2025.

sua identidade. Reconhecer isso é o primeiro passo para transformar o modo como você se enxerga.

Ao perceber que sua identidade não é algo fixo, e sim moldável, você se abre a possibilidade de reescrever quem é, ressignificando experiências, expandindo crenças e abrindo espaço a novas maneiras de ser e existir.

O PODER DAS MEMÓRIAS

São vários os filmes que retratam o conflito de pessoas que perdem a memória, seja por um acidente ou um problema de saúde. Quando isso acontece, instala-se uma crise de identidade, pois, sem elas, as pessoas não sabem mais quem são. Elas perdem o fio condutor que conecta suas experiências, seus relacionamentos e suas escolhas – há pessoas que esquecem quem eram seus cônjuges ou que retornam mentalmente a um momento anterior da vida, incapazes de compreender o presente.

Então, veja: apagar memórias não resolve conflitos internos, porque, ao fazê-lo, estamos apagando uma parte essencial de nós mesmos. Um acontecimento tem o poder de mudar tudo, e isso é inevitável.

Pense em um rio. Quando você o atravessa duas vezes, já não é a mesma pessoa, e o rio também não é o mesmo. Você muda porque o rio o transforma, e o rio muda porque você também o impacta. Esse é o poder das experiências e das memórias.

Quem você seria se voltasse cinco anos no tempo? Como era a sua mentalidade? O que você fazia naquela época que hoje já não faz mais? Quais crenças você tinha que hoje foram superadas? A verdade é que quem vive com medo do próprio passado acaba não vivendo plenamente no presente. Pior ainda, essas pessoas acabam repetindo os mesmos padrões, porque não enfrentam os conflitos que essas memórias trazem. A ilusão de querer apagar uma memória é achar que isso solucionará o problema, mas na verdade isso apenas o evita. Sem resolver o que está mal interpretado, acabamos retornando ao mesmo padrão.

Por isso, as memórias talvez sejam o fator mais importante na construção da sua identidade. No fim das contas, tudo gira em torno delas. E, mais ainda, a formação de sua identidade pelas memórias depende de como você as interpreta.

Assim, ao entender que não é possível apagar memórias – e que elas são fundamentais para você ser quem é –, você se abre à possibilidade de ressignificá-las. Mesmo as lembranças mais dolorosas podem ser transformadas. Não devemos esquecê-las, e sim aprender com elas e integrá-las à nossa história de modo que fortaleçam, e não limitem, quem somos hoje.

Durante todo este livro, venho dizendo que mudar você muda o mundo. Mas você já parou para pensar em quem você é? Em qual é a sua identidade?

Essas perguntas podem assustar muitas pessoas. Quando pergunto isso em sessões de consultório, geralmente recebo respostas como: "Olha, eu sou advogada. Tenho tal idade, moro em tal cidade e meu cabelo é de tal cor". Porém, deixa eu lhe contar uma coisa: essas características não formam a sua identidade. Tudo isso é mutável: você pode mudar de profissão, a cor do cabelo ou seu estado civil, mas a sua identidade real é algo imutável, algo que está em sua essência. E é exatamente por isso que é tão valioso aceitar a sua verdadeira identidade. Entender quem você realmente é consiste no primeiro passo para liberar aquilo que já não serve mais à sua identidade, e também para construir algo que esteja em total alinhamento com ela.

Claro, a identidade também precisa ser validada pela ação. Não adianta você se enxergar mentalmente como um empresário se você não age como um. Do mesmo modo, não adianta você se ver como algo que não se reflete nas suas atitudes. É a ação que valida a sua identidade. Então, quem é você?

Você é um ser humano que carrega uma história. Você é filho dos seus pais, que são filhos dos seus avós, que são filhos dos seus bisavós, e assim por diante. Nada pode mudar isso. Absolutamente nada. Você pode largar seu emprego e começar a vender sua arte na praia. Ou talvez você já esteja vendendo sua arte na praia e decida se mudar para São Paulo e trabalhar em um escritório. Nada disso muda a sua verdadeira identidade. É exatamente por isso que conflitos familiares, especialmente com pai e mãe, têm tanta influência sobre as nossas vidas: eles falam diretamente sobre quem somos. Quando entramos em conflito com nosso pai ou nossa mãe, a tendência emocional é tentarmos excluí-los de dentro de nós mesmos. Mas aqui vai a grande verdade: não se trata deles. Nunca se tratou.

Quando você não aceita seu pai e sua mãe, é a si mesmo que você não está aceitando. Eles fazem parte da sua história, da sua formação, da sua essência. Rejeitá-los é rejeitar uma parte de quem você é. Então, para abraçar plenamente a sua identidade, comece aceitando suas raízes. Comece aceitando a história que lhe trouxe até aqui. Porque é por meio dessa aceitação que você pode construir algo realmente grandioso.

Existe uma diferença entre o que seu pai e sua mãe foram e a função que exerceram na sua vida. E aqui está um conceito poderoso para você: a função de pai e mãe é dar a vida. Todo o restante é julgamento e expectativa. Se você está vivo, se está lendo este texto, significa que seu pai e sua mãe cumpriram a função mais essencial deles.

"Mas eu nem conheci meu pai, ele foi embora quando eu era pequeno", "Minha mãe sempre foi abusiva comigo, nunca fez as coisas do jeito que eu queria"... Pois é, mas a função vital eles cumpriram: deram a você a sua vida. O que está sob o seu controle é aceitá-los como são. Porque não se trata deles, e sim de você.

Se você foi criado pelos avós, se sente que foi abandonado pelos pais, se teve um pai alcoólatra ou drogado ou uma mãe com desafios pessoais, eu quero que você imagine a seguinte cena: você está segurando seu filho recém-nascido no colo, no meio da natureza. Você sabe que está sendo perseguido por leões. Esses leões não vão parar; eles estão atrás de você, e você tem plena certeza de que não há escapatória enquanto estiver com o bebê nos braços. Biologicamente, a solução mais instintiva seria entregar esse bebê para outra pessoa – seu pai, sua mãe ou alguém que pudesse cuidar dele longe de você. Assim, você estaria salvando o bebê do perigo iminente dos leões, mesmo que isso significasse se separar dele.

Esse exemplo reflete o que acontece na vida de muitos pais e mães. De modo inconsciente – ou até mesmo consciente –, alguns pais percebem que a melhor maneira de proteger os filhos é se afastar. Quanto mais próximos, mais tóxicos eles se tornam. O problema é que crianças não conseguem compreender esse afastamento. Elas interpretam como abandono, como uma rejeição pessoal. E essa interpretação gera traumas e feridas profundas.

Mas hoje eu quero libertar você dessa dor. Assim como muitos me ajudaram a compreender esses conceitos, todos que me atenderam e ensinaram (e neste conceito em especial o Robson Hamuche), quero que você entenda que os movimentos de seus pais não eram necessariamente contra você

– muitas vezes eram a única maneira que eles encontraram para lidar com os desafios da vida e proteger você da melhor forma que podiam.

Quando você aceita isso, dá um passo para assumir sua verdadeira identidade, porque ela não depende das falhas ou da ausência dos outros. Ela é sua. Ela é a base da sua liberdade e da construção de quem você deseja ser.

Imagine agora a seguinte cena: seu pai de pé, do seu lado direito, e sua mãe, do seu lado esquerdo. Atrás deles, visualize seus avós, bisavós e todos os seus ancestrais, tanto por parte de pai quanto por parte de mãe. Sinta a presença deles. Perceba essa linha de energia e história que conecta vocês.

Agora, mentalmente, reverencie-os e diga: "Eu sou [seu nome completo], filho de [nome do seu pai] e [nome da sua mãe]". Se quiser, você pode acrescentar: "Descendente de [nacionalidade dos seus ancestrais, se souber]". Depois, olhe para eles e diga: "Apesar dos desafios, eu recebo a minha força. Eu aceito a força da minha identidade, do meu sistema e dos meus ancestrais. Eu vou provar amor para vocês com o meu amor-próprio".

Sinta esse movimento de perdoar. Deixe com eles qualquer ferida ou limitação que seja deles e pegue para você somente o que é seu: a sua posição de filho, neto e descendente dessa linhagem. Olhe para eles novamente e diga: "Eu me amo. Eu sou feliz em ser quem eu sou e sou grato pela minha vida".

Conecte-se às suas raízes enquanto se liberta das feridas do passado. Esse é um gesto de gratidão, aceitação e amor-próprio que pode transformar profundamente a sua relação consigo mesmo e com a sua história.

Se você não conseguir sozinho, pode fazer essa vivência através deste link:

Use a câmera do seu celular para ler o QR Code ou digite **https://youtu.be/L3-oT4OlLmw** em seu navegador e confira!

EXERCÍCIO PRÁTICO DE AUTOCONHECIMENTO

Investigue suas raízes. Busque histórias sobre seus pais, avós, bisavós, tataravós e toda sua linhagem familiar. Cada história carrega recursos invisíveis que moldam sua identidade. Faça isso sem julgamentos – eventos do passado não definem quem você é, mas revelam o que você pode transformar.

Você não precisa ter conhecido esses ancestrais, basta conhecer suas histórias. Ao fazer isso, você se torna consciente dos padrões que talvez esteja repetindo inconscientemente e ganha o poder de rompê-los. Essa conexão profunda libera sua essência e ativa uma nova identidade, intencional e poderosa.

Ao se reconhecer de maneira autêntica, você expande sua visão de mundo, se abre para novas conexões e até transforma os ambientes que frequenta. Mudar sua história começa por entender de onde você veio. Isso pode mudar você e mudar o mundo.

"Reconhecer as raízes ancestrais é se apropriar da sua herança e valorizar a própria história."

– Rafael Nolêto[82]

---

[82] NOLÊTO, R. *In:* PENSADOR. Disponível em: www.pensador.com/frase/Mjk4NDk3Nw/. Acesso em: 28 mar. 2025.

15.
Motivação dá trabalho

"A tragédia da vida não é a morte, mas o que deixamos morrer dentro de nós enquanto ainda estamos vivos."

– Norman Cousins[83]

Mudar dá trabalho. Qualquer transformação – seja de hábitos, mentalidade ou uma nova realidade – pede energia. Quem nunca pensou em mudar, mas desistiu no meio do caminho porque o trabalho parecia pesado demais? Mudar cansa. Pensar em reorganizar a vida, abrir mão de comportamentos antigos ou começar algo novo soa exaustivo.

Mas aqui está a verdade que transforma tudo: o que cansa não é o trabalho que você tem que fazer, mas a ausência de um motivo forte. Quando você sabe exatamente por que está mudando, o trabalho perde o peso. Se o motivo for poderoso o suficiente, até a tarefa mais desgastante se torna suportável.

Esse processo é exatamente igual a mudar de casa. Se você já se mudou alguma vez, sabe que é algo extremamente trabalhoso. Por isso ninguém simplesmente acorda e "do nada" pensa *Vou mudar de casa*, pois é um grande trabalho sem um motivo real. Porém, se você recebe uma proposta irrecusável de trabalho para ganhar 1 milhão de dólares e precisa se mudar para isso, talvez faça essa mudança mais rápido. Ou até, se recebesse uma ameaça contra sua família, sairia às pressas, deixando coisas para trás. Não se trata do trabalho, e sim do motivo.

As escolhas que fazemos, grandes ou pequenas, podem ser movidas por dois impulsos universais: fugir da dor ou buscar uma recompensa. Esses são os chamados motivadores universais: eles moldam cada pensamento, ação e decisão que tomamos.

A dor nos move para sair, quando queremos evitar sofrimento, frustração ou fracasso. Fugimos da rejeição, do medo, da insegurança. Fazemos dietas

---

[83] COUSINS, N. *In:* PENSADOR. Disponível em: www.pensador.com/frase/MzE1MTI3/. Acesso em: 6 mar. 2025.

para evitar doenças, trabalhamos duro para não passar necessidade, evitamos riscos para não sentir arrependimento. É o exemplo de mudar de casa após uma ameaça – fugir da dor.

A recompensa, por outro lado, nos impulsiona. Ele é o fogo que nos faz buscar sucesso, amor, reconhecimento e evolução. Queremos mais, queremos crescer, queremos conquistar. O desejo cria movimento, gera ação e nos leva além dos limites.

Mas aqui está o segredo: a maioria das pessoas age mais por dor do que por desejo. Elas mudam apenas quando o sofrimento se torna insuportável ou quando a dor de permanecer no mesmo lugar é maior do que a dor do trabalho de mudar. Contudo, os que realmente transformam suas vidas são aqueles que aprendem a usar esses mecanismos intencionalmente, como combustível para cumprir o que querem cumprir.

Agora, olhe para sua vida: o que tem motivado você? Você está fugindo da dor ou correndo em direção ao que realmente deseja? A resposta para essa pergunta pode ser a chave para sua próxima grande transformação.

Para se motivar a mudar algo na sua vida, você pode usar intencionalmente mecanismos que criem uma dor para fugir ou uma recompensa para mudar. Exemplos poderosos são:

- **Assinar um contrato sobre sua mudança (pode ser emagrecer ou a meta que for) com cláusulas de dor e recompensa.** Exemplo: se não cumprir, você gasta mil reais em algo de que não goste; se conseguir, gasta os mil reais em uma viagem;
- **Assumir compromissos públicos:** é doído descumprir a sua palavra, ao mesmo tempo que é recompensador cumprir o que foi falado para o grupo;
- **Fazer promessas:** essa é a estratégia mais simples, mas é poderosa. Quando você faz uma promessa para uma pessoa ou figura muita importante para você, fica com a sensação de que não pode descumprir a palavra.

Veja que em todos esses exemplos a motivação para cumprir o trabalho acontece quando você não quer, em hipótese alguma, flertar com o fracasso, quando se torna muito doído não cumprir o que foi prometido ou quando se torna muito recompensador fazer o que é preciso. Entenda esse conceito e você poderá alcançar grandes feitos na sua vida.

Eu mesmo, na reta final de escrita deste livro, coloquei um prazo para terminar de escrever e apostei 100 reais com minha esposa para cada dia que não escrevesse. Eu não queria dar 100 reais por dia para ela por dois motivos: 1) financeiro; e 2) para mostrar a ela que cumpro o que falo. Bom, se você está lendo isso, é porque funcionou!

Para complementar essa visão de motivação, trabalho e mudança, vou contar uma história simples, mas que me ensinou uma grande lição sobre a vida e o poder do desfrute. Ela me fez perceber que, para mudar e influenciar qualquer transformação, muitas vezes você não precisa forçar nada. Só precisa viver o prazer daquilo que deseja ser.

Eu adoro salada. Pode parecer algo estranho para algumas pessoas, mas, sempre que possível, antes de almoçar ou jantar, eu preparo uma salada com o que tiver. Só de pensar nas folhas verdes brilhantes com o tempero do azeite fico com água na boca.

Por herança do meu avô materno, seu Zé Marchetti, minha família por parte de mãe se reúne todos os domingos para fazer uma reza e, claro, jantar, conversar e se conectar. Em uma dessas rezas, estávamos servindo nossa famosa macarronada. Todos foram correndo pegar o macarrão, mas eu, como sempre, fui fazer minha salada. Fiz um prato belíssimo, com alface, tomate, cebola e palmito, e temperei no estilo que adoro, com limão, sal e uma porção generosa de azeite.

Enquanto me sentava à mesa, completamente hipnotizado pela minha salada, saboreando cada garfada, uma das minhas priminhas me olhou e perguntou: "Tio Neto, o que é isso que você está comendo?".

Eu respondi: "É salada, você quer?". Ela se virou para a mãe e disse: "Manhê, eu quero salada, que nem a do Tio Neto!". E assim, todas as minhas priminhas gritaram juntas: "Eu também! Eu também!".

Minha prima, mãe dela, ficou surpresa, mas tranquilamente serviu a salada. O que mais a surpreendeu foi que ela nunca havia conseguido convencer a filha a comer salada. Todos os dias era uma luta. Mas ali, sem nenhuma palavra ou tentativa de convencimento, as garotinhas comeram a salada felizes.

Essa história me ensinou que a verdadeira influência vem do desfrute. Eu não precisei convencer ninguém, nem usar argumentos. Eu estava simplesmente aproveitando aquilo que me fazia bem, e o prazer que senti foi suficiente para atrair a atenção e o desejo das crianças. Quando você vive intensamente o que acredita, isso se torna contagiante.

O mais interessante é que usamos muito a analogia de a nossa parte emocional ser como uma criança superprotetora, que age só na emoção. Em muitos cursos que fiz, essa parte da nossa mente é definida como uma criança de 5 anos. Sabe qual era a idade da minha prima na ocasião? Sim, 5 anos!

Ali eu entendi: muitas vezes não conseguimos atingir nossa identidade desejada porque nossa "criança interior" não comprou a ideia, está chato, não convence. Então, para você se convencer, para você convencer essa sua criança interior da sua nova identidade, você tem que saborear a jornada, assim como eu fiz com a minha salada. Essa é a grande chave: o desfrute facilita a nova identidade e os novos comportamentos que trarão novos resultados.

Agora pense em você: onde está o seu desfrute? Você se conecta de verdade com a vida que está querendo criar? Ou está apenas tentando forçar uma mudança que não dá prazer?

A motivação real surge quando você se apaixona pelo processo, quando o prazer de viver essa nova realidade é tão grande que o esforço se torna irrelevante.

O DESFRUTE – O CAMINHO PARA A NOVA IDENTIDADE

O nosso cérebro está programado para economizar energia e buscar prazer. É por isso que o desfrute é a chave para transformar sua identidade: você precisa saborear a vida que deseja viver. Quando começa a sentir prazer em cada pequena mudança, seu corpo e sua mente se alinham com essa nova identidade.

É exatamente o oposto do que a maioria de nós faz. Nós tentamos nos forçar a mudar, e estamos acostumados a fazer sacrifícios dolorosos durante esse processo. Impomos novas regras, novas metas, mas as alcançamos sem emoção, ou com emoções negativas. E a verdade é que, sem desfrutar, nenhuma mudança se sustenta. Nossa parte emocional, que rege grande parte das decisões diárias, precisa ser convencida de que o que estamos buscando é bom para nós, de que isso nos traz alegria.

Lembre-se da história da salada. Eu poderia ter feito uma apresentação com os dez benefícios de comer salada ou tentado convencer minha priminha com argumentos sobre saúde. Mas nada disso teria funcionado. Ela viu o quanto eu estava desfrutando daquilo, e foi isso que despertou o desejo dela de experimentar. A melhor maneira de mudar algo em você é encontrar prazer genuíno no processo.

O que lhe dá água na boca? O que você verdadeiramente deseja para sua vida? Não é apenas o que você acha que "deve" fazer, mas o que faz seus olhos brilharem, o que faz o seu coração vibrar. Essa é a porta de entrada para a motivação genuína. Sem esse prazer, a mudança se torna um fardo.

Mas, para acessar esse prazer, você precisa de um grande motivo. É ele que vai fazer você se mover quando as dificuldades surgirem. Por que você quer mudar? Para quem ou para o quê? Esse motivo precisa ser claro e poderoso. Sem ele, qualquer pequena barreira pode parecer intransponível.

Vamos pegar o exemplo da mudança de casa que citei. Mudar é cansativo. Você precisa empacotar tudo, desmontar móveis, organizar a vida. Isso, por si só, já seria motivo suficiente para desistir. Mas quando o motivo é claro – como mudar para um lugar mais seguro, mais confortável ou mais feliz – o esforço passa a ser apenas uma parte do processo. O grande motivo torna o trabalho menor, e a motivação se sustenta porque você sabe para onde está indo.

O mesmo acontece com qualquer transformação em sua vida. Você não muda pelo processo, você muda pelo motivo. O esforço passa a ser suportável quando o porquê é forte o suficiente. A chave é encontrar aquilo que move você de verdade. Quando você tem esse motivo, o trabalho se transforma em algo menor, e o prazer de viver a mudança começa a crescer.

Então, em vez de buscar apenas um resultado, como aumentar sua renda ou alcançar um cargo de poder, pergunte a si mesmo: "Quais comportamentos eu preciso adotar para gerar esses resultados?". Isso já traz mais clareza. Mas a verdadeira pergunta é: "Quem eu preciso me tornar?". Quem é a pessoa que naturalmente atrai riqueza, poder e sucesso? Quais são seus hábitos diários? Como essa pessoa enxerga o mundo? Como ela desfruta da própria vida?

Vamos para um exemplo: imagine que sua meta é ter sucesso financeiro e construir independência. Em vez de focar apenas o número na sua conta bancária, pergunte-se: *Como pensa alguém que já tem prosperidade?* Essa pessoa não luta contra a escassez. Ela já se vê como alguém que merece abundância e faz escolhas que reforçam isso. Ela organiza sua vida para se alinhar com essa visão – ela investe, aprende, expande suas redes de contatos. O dinheiro e o poder são consequências naturais de quem ela se tornou.

Mas não estamos falando apenas do comportamento; também nos referimos ao ambiente em que você vive. Quem é essa pessoa que já tem riqueza? Ela não só adota hábitos de sucesso como também cria um ambiente que estimula o crescimento. Pense nas pessoas bem-sucedidas que você admira. Elas estão sempre cercadas de oportunidades, seja em eventos de networking, com pessoas que elevam suas ambições, ou em espaços que incentivam a criatividade e a inovação.

Agora, visualize que você transforma seu ambiente. Você começa a frequentar lugares que estimulam seu crescimento financeiro, se rodeia de pessoas com ambição e mentalidade próspera. De repente, o sucesso financeiro não é mais um objetivo distante, mas uma consequência natural de quem você está se tornando. Você ajusta suas rotinas, estuda investimentos, expande suas redes. O ambiente reforça a identidade de alguém que está destinado ao sucesso.

Não se trata apenas de querer mais dinheiro ou status – trata-se de viver como alguém próspero, alguém que vê oportunidades onde os outros veem obstáculos. Ao viver essa nova identidade, o esforço diminui, e os resultados financeiros e o poder que você busca vêm com fluidez, porque você se tornou a pessoa que merece tudo isso.

A transformação acontece quando seus comportamentos, seu ambiente e sua identidade estão alinhados. A riqueza e o poder fluem naturalmente quando você para de perseguir resultados e começa a viver a vida de alguém que já os tem. O segredo é simples: você não finge até conseguir; você vive até que seja real, desfrutando do processo, pois ele faz parte de quem você é.

E tudo isso se resume a uma palavra: mudança. Mudar não é apenas agir de maneira diferente, mas se tornar uma nova pessoa. É impossível alcançar novos resultados sem que ocorra uma transformação interna. Se você continuar sendo a mesma pessoa, cercado pelos mesmos ambientes e hábitos, estará sempre preso aos mesmos resultados. Como disse Albert Einstein, "insanidade é continuar fazendo sempre a mesma coisa e esperar resultados diferentes".[84] Se você quer um novo resultado, você precisa ser alguém diferente.

Mas motivação é mais do que força de vontade. Ela nasce do prazer genuíno que sentimos ao viver a vida que desejamos. Quando você encontra o seu grande motivo e começa a desfrutar da transformação, o esforço perde o peso e a mudança acontece de maneira natural.

No livro *Gatilhos da alma*,[85] de Gustavo Ferreira, li uma história que me impactou muito. Ela mostra o poder que temos ao colocar em prática o que apresentei nos capítulos anteriores.

Imagine que você preparou um jantar especial na sua casa. Não é qualquer jantar: você pensou em cada detalhe. Escolheu os melhores pratos, as bebidas mais saborosas, caprichou na decoração e colocou uma música ambiente que dá um toque mágico ao momento. O motivo? Receber com todo o carinho alguém que é importante para você.

Finalmente, o convidado chega. Ele olha para a mesa cheia de delícias, sente o aroma das especiarias, percebe o cuidado em cada detalhe. Mas, em vez de mergulhar naquela experiência que você preparou com tanto amor, ele hesita. Ele se senta, olha para os pratos, mas não pega nada. "Não quero parecer abusado", ele diz, meio sem jeito. E você, o anfitrião, fica olhando aquela cena e se pergunta: "Será que ele não entendeu? Eu fiz tudo isso para que ele aproveitasse!".

É aí que você se aproxima, com um sorriso gentil, e diz: "Por favor, não tenha vergonha. Cada prato, cada bebida, tudo aqui foi pensado para você. Quanto mais você desfrutar, mais feliz eu fico. Esse é o motivo de tudo isso: ver você feliz".

---

[84] OLIVEIRA, M. Como diria Albert Einstein… **Exame**, 25 abr. 2022. Disponível em: https://exame.com/colunistas/relacionamento-antes-do-marketing/como-diria-albert-einstein/. Acesso em: 6 mar. 2025.

[85] FERREIRA, G. **Gatilhos da alma**: como criar uma linha direta para conversar com sua alma e consciência espiritual. Rio de Janeiro: BestSeller, 2023.

Essa história parece simples, mas traz uma verdade profunda sobre a nossa vida. Em um banquete como esse, os papéis se invertem – o convidado passa de um mero receptor para alguém capaz de deixar o anfitrião feliz com a própria alegria. Nós também somos convidados, só que o anfitrião desse banquete é Deus. Ele preparou tudo para nós: todo o mundo e o universo que você conhece; você, com sua identidade; as cores do pôr do sol; o aroma das flores; a suavidade do vento; os momentos de alegria que compartilhamos com quem amamos. Deus preparou o banquete da vida para que desfrutemos dele. E, assim como no exemplo do jantar, quanto mais aproveitamos, mais alegria damos ao anfitrião. Quando você organiza uma festa de aniversário ou um jantar especial, o que mais enche você de felicidade não é o quanto gastou ou o tempo que passou preparando o evento. É ver os sorrisos, ouvir as risadas, perceber que os convidados estão genuinamente felizes.

É isso que Deus quer de nós. Ele não se alegra com a nossa vergonha ou hesitação diante da vida. Ele se alegra quando aceitamos o que Ele nos deu com gratidão, quando desfrutamos com intensidade, quando dizemos "sim" para a abundância que Ele colocou no nosso caminho. Acredite, Deus não quer que você apenas sobreviva. Ele quer que você viva, e viva plenamente. Troque a hesitação por êxito e ação.

Quando você começa a desfrutar da vida de maneira consciente, não apenas pelo prazer egoísta, mas por saber que esse é o seu poder, que é isso que cabe a você, algo muda dentro de você. Você deixa de ser apenas um receptor e se torna um reflexo do Criador. É como se, ao aceitar o presente, você se conectasse à própria essência de quem lhe deu a vida, e passa a amar todas as coisas e você mesmo, em sua imagem e semelhança. Porque quando você vive com desfrute você ativa sua verdadeira identidade. Você honra o Anfitrião sendo o melhor convidado possível.

Então, da próxima vez que você hesitar em aproveitar algo bom, lembre-se: assim como o anfitrião se alegra com os sorrisos dos seus convidados, Deus se alegra ao ver você feliz. Honre o banquete da vida. Desfrute com todo o coração, porque é exatamente para isso que ele foi preparado.

Desfrutar é a chave. Ao viver intensamente o prazer da sua nova identidade, você atrai novos comportamentos e, consequentemente, novos resultados. O segredo para a verdadeira mudança está no prazer de viver o que você está construindo para si, tornar o caminho um fim em si mesmo, um deleite. Desfrutar muda você e muda o mundo.

EXERCÍCIO PRÁTICO: ACESSE SUA NOVA IDENTIDADE

Aqui está um exercício simples para lhe ajudar a acessar sua nova identidade por meio do desfrute:

1. Escolha algo que você quer mudar. Pode ser um comportamento, um hábito ou uma área da sua vida.
2. Visualize-se vivendo essa mudança. Mas não apenas como uma meta distante: imagine-se **desfrutando** dessa nova realidade como uma nova pessoa. Se você quer ter mais saúde, veja-se saboreando cada refeição saudável com prazer, como no exemplo da salada.
3. Repita para si mesmo, em voz alta: "Eu saboreio a minha nova vida. Eu desfruto da transformação. Eu sou saudável e, a cada dia, me aproximo mais da minha melhor versão".
4. Para complementar, use algum gatilho de fuga de dor ou recompensa para deixar a prática ainda mais forte.
5. Faça esse exercício todos os dias. A cada vez que você visualiza e desfruta o processo, você reforça o seu grande motivo e consolida sua nova identidade.

> **"O segredo da mudança é não focar toda sua energia em lutar com o passado, mas em construir o novo."**
>
> – Sócrates[86]

---

[86] O SEGREDO da mudança é não focar… **Instituto Casa Dia São Paulo**, 2025. Disponível em: https://casadiasp.com.br/blog/o-segredo-da-mudanca-e-nao-focar-toda-sua-energia-em-lutar-com-o-passado-mas-em-construir-o-novo/003-23-de-marco-o-segredo-da-mudanca-e-nao-focar-toda-sua-energia-em-lutar-com-o-passado-mas-em-construir-o-novo/. Acesso em: 7 mar. 2025.

16.

O efeito borboleta da sua transformação

"A vida não é medida pelo número de vezes que você respirou, mas pelos momentos em que você perdeu o fôlego."

– Vicki Corona[87]

Você já ouviu falar no efeito borboleta? A teoria do caos nos ensina que pequenas ações podem ter grandes impactos, e o famoso efeito borboleta ilustra isso bem: o bater de asas de uma borboleta no Brasil pode gerar um furacão do outro lado do mundo. Do mesmo modo, as pequenas mudanças que você fez ao longo desta jornada já começaram a reverberar na sua vida e no mundo ao seu redor. Você pode não perceber isso agora, mas cada pequena decisão, cada nova escolha que você fez, já está alterando a sua realidade.

Isso acontece porque o caos, por mais desorganizado que pareça, segue regras. Pequenos ajustes criam grandes transformações com o tempo. Assim como você aprendeu a liberar emoções e ressignificar experiências, agora você entende que mudar você muda o mundo. Cada transformação pessoal ecoa em seu ambiente e suas relações, e cria ondas de mudança nas pessoas ao seu redor.

A jornada que percorremos até aqui foi muito mais do que palavras em uma página. Foi uma profunda transformação, uma descoberta que veio de dentro. O processo de mudança pessoal pode parecer pequeno, um ato isolado em um mundo imenso. Mas, assim como o bater de asas de uma borboleta, cada pequena mudança que você fez ou fará a partir de agora tem o potencial de criar ondas de impacto, invisíveis a olho nu, mas imensamente poderosas.

Em diferentes culturas, a borboleta carrega o simbolismo de transformação, renascimento e transcendência. Para os nativos americanos, a borboleta

---

[87] CORONA, V. *In:* PENSADOR. Disponível em: www.pensador.com/frase/NjczMTI2/. Acesso em: 7 mar. 2025.

é um mensageiro espiritual, uma ponte entre os mundos. Já para os gregos antigos, ela representa a psique, a própria alma em sua jornada de mudança e descoberta. Na tradição cristã, simboliza a ressurreição e o poder da transformação, a capacidade de deixar para trás tudo aquilo que aprisiona e renascer para algo muito maior.

Assim como a borboleta atravessa o processo da metamorfose, precisamos permitir que partes nossas "morram" para que possamos viver plenamente. Velhas crenças, ressentimentos, medos e culpas que carregamos como pesos se tornam camadas que nos escondem de quem realmente somos. Cada casulo que construímos é uma proteção temporária, um espaço de introspecção que nos prepara para o momento em que decidimos, finalmente, voar.

Imagine tudo o que você já transformou até aqui. Desde a primeira página deste livro, você tem se despido de identidades que não lhe servem mais, camadas de emoções e pensamentos que já não fazem sentido. E cada etapa, cada camada desfeita, o trouxe mais perto de quem você realmente quer ser. Cada desafio enfrentado foi um ato de coragem, uma decisão de não mais carregar um peso que já não lhe pertence.

Chegar até aqui é uma vitória. Mais do que concluir uma leitura ou fazer um exercício de reflexão, você mergulhou em cada camada da sua vida, enfrentou medos, reconheceu as emoções que o travavam e, pouco a pouco, liberou cada uma delas. A mudança que você buscava, a princípio, parecia externa, mas agora você percebe: ela começou dentro de você. Você é uma nova pessoa.

E essa transformação não pode ser apenas mais um passo que passa despercebido. Agora é o momento de celebrar. A celebração das conquistas não é algo trivial; é um passo fundamental para consolidar as transformações que você alcançou. Estudos da psicologia positiva mostram que, quando você reconhece suas próprias vitórias, mesmo as pequenas, você libera dopamina no cérebro, o neurotransmissor da recompensa. Isso não só gera uma sensação de bem-estar, mas reforça o caminho que você está trilhando. Celebrar fortalece a mudança.

Essa transformação foi pessoal, mas o seu impacto ultrapassa o individual. Cada pequena mudança que você incorpora em sua vida ressoa nas vidas das pessoas ao seu redor. Um novo olhar, um sorriso mais presente, uma palavra de incentivo: esses são os sinais de que você está pronto para irradiar ao mundo o que encontrou dentro de si. Essa mudança interna se transforma em uma onda, uma inspiração para aqueles que cruzam seu caminho. Mudar você muda o mundo. Esse é o efeito borboleta da sua transformação.

Os fractais são uma prova de que o todo está presente em cada parte. Da menor folha de uma árvore às galáxias mais distantes, os padrões se repetem em todas as escalas. Eles nos mostram que o universo inteiro está refletido em cada pequena parte. Do mesmo modo, você contém o universo dentro de si. Assim como cada parte de um fractal carrega a imagem do todo, sua mudança pessoal, por menor que pareça, é uma transformação que carrega o poder de mudar o mundo.

Carl Sagan nos deu uma poderosa reflexão com sua obra *Pálido ponto azul*.[88] Quando a sonda Voyager 1 capturou a Terra a bilhões de quilômetros de distância, vimos o nosso planeta reduzido a um minúsculo ponto azul na vastidão do cosmos. Sagan nos lembra de que, naquele grão de poeira suspenso em um raio de sol, reside toda a história da humanidade. Ele nos faz ver a pequenez e, ao mesmo tempo, a grandeza da nossa existência. Em suas palavras: "Olhem de novo para esse ponto. Isso é aqui. Isso é casa. Isso somos nós. Nele, todos que você ama, todos que você conhece, todos de quem você já ouviu falar, todo ser humano que já existiu, viveram suas vidas".

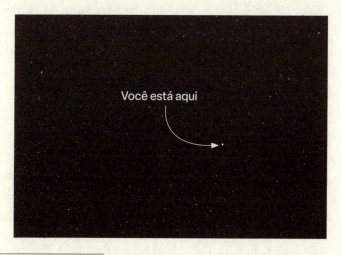

---

[88] SAGAN, C. **Pálido ponto azul**: uma visão do futuro humano no espaço. São Paulo: Companhia das Letras, 1996.

Esse ponto minúsculo, perdido na imensidão, abriga tudo o que somos. E essa mesma grandiosidade se reflete em cada escolha que fazemos. Somos pequenos, sim, mas cada um de nós contém o todo. Sua transformação, por mais pessoal que seja, impacta o mundo ao seu redor. Ao transformar uma parte de si, você está transformando o universo.

Quero reforçar essa ideia pelas palavras de Mario Sergio Cortella. Em sua famosa palestra "Sabe com quem você está falando?", Cortella diz: "Você é um entre bilhões de indivíduos, uma espécie entre milhões, vivendo em um planetinha que gira em torno de uma estrelinha entre bilhões". Ele nos faz refletir sobre como, apesar de parecermos pequenos, nossa presença no mundo importa. Como ele sabiamente provoca: "Quando alguém me pergunta 'Sabe com quem você está falando?', eu respondo: 'Você tem tempo?'".[89] É sempre um deleite ouvi-lo.

Mudar você muda o mundo, e sua mudança é grandiosa. Celebre o fato de que suas conquistas não são apenas suas, mas reverberam em sua família, em seus amigos, em seu ambiente de trabalho. Você se tornou um ponto de luz, irradiando transformação ao seu redor.

E eu convido você a fazer parte de algo ainda maior: compartilhe essa jornada. Dê este livro de presente ou compre outro e presenteie alguém que você ama, alguém que você sabe que também pode se transformar. Indique nas suas redes sociais e compartilhe que você faz parte desse movimento! Convide pessoas queridas a trilhar o caminho que você já percorreu. Imagine se todos ao seu redor começassem a se transformar da mesma maneira que você. O impacto seria imensurável. A verdadeira celebração acontece quando levamos essa transformação adiante, quando expandimos essa mudança para além de nós mesmos.

Crie um movimento. Mudar você muda o mundo, mas, ao compartilhar essa jornada com os outros, você multiplica esse impacto. Convide mais pessoas para essa transformação. Faça parte de uma onda de mudança que começa dentro de cada um de nós, mas que tem o poder de transformar o

---

[89] CORTELLA – Sabe com quem está falando? 2016. Vídeo (9min). Publicado pelo canal André Cardoso. Disponível em: www.youtube.com/watch?v=to_H4AbOp04. Acesso em: 28 jan. 2025.

coletivo. Participe do Movimento VIVA – de pessoas que sabem que a vida é pra se viver, de que a vida é viva!

Se você foi transformado por este livro, me mande uma mensagem. Ficarei feliz em lhe responder. Foi uma honra e uma alegria ser seu anfitrião nesta jornada! Parabéns por sua entrega e por seu compromisso consigo mesmo. Saiba que essa decisão que você tomou lá no começo não foi em vão: você mudou, e agora o mundo nunca mais será o mesmo. Conte comigo para continuar nesta jornada de autodescoberta e transformação.

Agora, para finalizar, vamos realizar um exercício simples, mas profundamente simbólico. Você vai precisar de duas partes de uma folha de papel.

- **O casulo:** pegue a primeira parte da folha e escreva tudo o que deseja deixar para trás. Pense nos sentimentos que não servem mais, nas culpas que você ainda carrega, nas limitações que não deseja mais impor a si mesmo. Escreva sem filtros, deixando que cada palavra carregue um pouco dessa carga. Em seguida, rasgue essa parte da folha, simbolizando a quebra dessas camadas antigas. Descarte os pedaços, permitindo-se sentir o alívio de deixar isso para trás;
- **As asas:** pegue a segunda parte da folha de papel. Nesta, escreva palavras que representem sua nova vida, seus desejos, as virtudes e características que você quer expandir. Visualize-se como a pessoa que deseja ser e permita-se viver essa visão. Ao terminar de escrever, use essa folha para fazer um origami de borboleta. Enquanto dobra o papel, sinta a beleza da transformação. Ao terminar, segure sua borboleta e, com ela, simbolize o voo livre de uma vida renovada.

Para dar vida à sua borboleta de origami, siga o tutorial em vídeo que preparei. Nele, você verá cada dobra explicada de forma clara e prática.

Use a câmera do seu celular para ler o QR Code ou digite
https://youtu.be/iOMScH82Ogc?si=cjcHY1m47pRhmWwP
em seu navegador e confira!

O efeito borboleta da sua transformação **175**

Essa borboleta de papel representa sua nova identidade e tudo o que você quer manifestar. Ao concluir o origami, coloque-o em um lugar visível para se lembrar diariamente da sua transformação e das intenções que escreveu.

A simplicidade do origami de borboleta carrega a profundidade de seu processo de mudança pessoal: uma transformação bela e cheia de significado.

Este é o seu ritual de celebração. Comemore essa conquista, não apenas pelo que deixou para trás, mas pelo que está agora pronto para viver. A borboleta não volta a ser lagarta, pois seu destino é voar. Ao se transformar em borboleta, o mundo dela também se transforma.

Sua jornada com *O poder do egoísmo consciente* foi transformadora? Então, compartilhe sua luz! Faça uma avaliação do livro na Amazon para guiar outros buscadores, mande um print para meu Instagram @porvivaldoneto e receba um presente exclusivo!